Nordafrikanische Küche

Nordafrikanische Küche

ÜBER 100 EXOTISCHE KÖSTLICHKEITEN AUS MAROKKO, TUNESIEN UND ALGERIEN

Hilaire Walden

KÖNEMANN

This book was designed and produced by
Quintet Publishing Limited
6 Blundell Street
London N7 9BH

Creative Director: Richard Dewing
Designer: Ian Hunt
Project Editor: Claire Tennant-Scull
Editor: Lesley Ellis
Photographer: David Armstrong

Originaltitel: North African Cooking

Könemann Verlagsgesellschaft mbH
Bonner Str. 126, D-50968 Köln
Redaktion der deutschen Ausgabe: Daniela Kumor, Köln
Übersetzung aus dem Englischen: Angelika Feilhauer, Ravensburg
Satz der deutschen Ausgabe: Thorsten Laureck · Werbe-Atelier, Hürth
Druck und Bindung: Sing Cheong Printing Co., Ltd.
Printed in Hong Kong
ISBN 3-89508-298-8

DANKSAGUNG
Quintet Publishing dankt The Kasbah in London
für die Überlassung von nordafrikanischen Ton- und Metallgefäßen
sowie Evergreen and Gorgeous, London N16,
die Blumen für die Fotografien zur Verfügung stellten.

Außenaufnahmen: Nick Bailey und Life File

Inhalt

Einführung

An das südliche Mittelmeer grenzen Algerien, Marokko und Tunesien – drei Länder, die einmal unter dem Namen Maghreb bekannt waren und heute Nordafrika bilden.

Die Küche dieser Region hat mittlerweile Freunde auf der ganzen Welt gefunden. Sie ist inspirierend, farbenfroh und raffiniert, voll der Faszination Nordafrikas und reich an den Aromen exotischer Gewürze.

Nordafrika bietet eine sehr typische Küche, wobei in der gesamten Region viele Ähnlichkeiten und Gemeinsamkeiten zu finden sind. So gibt es beispielsweise überall langsam geköchelte, pikante Eintöpfe, sogenannte *tagine*, *couscous*-Gerichte, schmackhafte Lammrezepte, farbenfrohe und ausgesprochen süße Desserts und Süßigkeiten wie auch Pasteten und Backwaren, die aus einem hauchdünnen Teig, *warka* genannt, hergestellt werden.

Jedes Land zeichnet sich durch seine einzigartigen Besonderheiten, bevorzugten Gewürze und Nationalgerichte aus. In Marokko mag man volle, kräftige Aromen und verwendet zum Kochen oft Safran. Die Tunesier neigen zu hocharomatischen, feurigen Gerichten, während die Algerier es eher milder und nicht ganz so würzig mögen.

Die nordafrikanische Küche hat ihre Wurzeln in vielen Ländern und Kulturen. Die zahlreichen Völker, die über die Jahrhunderte in Nordafrika eindrangen, mit ihm Handel trieben oder ihm einfach nur ihren Besuch abstatteten, hinterließen ihre Spuren: Die Perser verbreiteten ihre Vorliebe für die Kombination von Fleisch und Früchten. Die Mauren aus Andalusien führten die berühmte Taubenpastete – *b'stilla* – ein. *Chakchouka*, ein tunesisches Gericht aus Paprikaschoten, Tomaten und Eiern, hat seine Ursprünge in der Türkei.

Vor 2000 Jahren bildeten Marokko, Tunesien, Algerien und Libyen ein einziges Land, das Maghreb hieß. Es war die Heimat von Christen, den hellhäutigen und -haarigen nomadischen Berbern. Die Eßgewohnheiten und -traditionen der Berber und der arabischen Beduinen zeigen sich noch heute in der Verwendung von Datteln, *smen* (geklärter Butter) und Getreide. Schon vor Jahrhunderten entdeckten die Beduinen die Vielseitigkeit verschiedener Getreide und fanden auch heraus, wie man vergorenes Getreide als natürlichen „Starter" für Brotteig verwendet. Laut einiger Quellen trockneten sie Teigwaren, um Teig für ihre langen Wanderungen durch die Wüste haltbar zu machen, und verbreiteten ihre Pasta in ganz Italien, als sie in Sizilien einfielen.

RECHTS *Eine imposante nordafrikanische Landschaft vor einem strahlendblauen wolkenlosen Himmel*

RECHTS *Die Gebetsnische, der Mihrab, ist von allen Teilen der Moschee am reichsten geschmückt*

Die lange nordafrikanische Küste machte das Land für Kaufleute und Invasoren leicht zugänglich. Im 1. Jahrhundert v. Chr. brachten phönizische Kaufleute getrocknete und dadurch lange haltbare Würste mit, Vorläufer der pikanten kleinen algerischen Würste (*merguez*). Die Karthager führten Hartweizen und Hartweizengrieß ein, aus dem die Berber *couscous* herstellten, heute ein Grundnahrungsmittel dieser Region.

Die einfallenden Araber verbreiteten im 7. Jahrhundert die Glaubensgrundsätze des Islam. Die muslimische Religion übte einen starken kulturellen Einfluß auf die Region aus und bestimmte auch die Eßgewohnheiten. Die sogenannten Gewürzhändler der Welt führten zudem viele exotische Gewürze wie Safran, Muskatnuß, Ingwer, Nelken und Zimt ein.

Als die Mauren freiwillig oder gezwungenermaßen aus Spanien zurückkehrten, brachten sie Nahrungsmittel aus Andalusien mit wie Oliven und Olivenöl. Auch Früchte wie Orangen, Pflaumen und Pfirsiche fanden den Weg über das Mittelmeer.

Im 14. Jahrhundert führten die türkischen Osmanen süßes und zartes Gebäck ein. Später hinterließen die europäischen Händler und Kolonialherren Relikte ihres Einflusses wie zum Beispiel Tee, über den britische Händler in Tanger und Mogador in großen Mengen verfügten, als sie während des Krimkrieges neue Märkte suchten.

Heute können die Speisekarten in den Restaurants auf spanisch, englisch oder französisch geschrieben sein. Französische Raffinesse ist in das Wesen des Maghreb eingeflossen. In allen drei Ländern wird französisch gesprochen, insbesondere in Algerien, das am längsten unter französischer Herrschaft stand. Algerier der Mittelschicht sprechen bis heute lieber französisch als arabisch, und Hausfrauen ziehen französische Baguette dem arabischen *kesra* vor.

Viele Nahrungsmittel, die man heute mit der nordafrikanischen Küche verbindet, stammen ursprünglich aus der Neuen Welt: Tomaten, Kartoffeln, Zucchini, Paprikaschoten und Chillies mit ihren Produkten Paprika und Cayennepfeffer, die besonders in der lokalen Küche eine große Bedeutung haben.

Essen in Nordafrika

Gastfreundschaft hat in Nordafrika einen hohen Stellenwert. Nicht nur die Familie und Freunde werden mit vielen verschiedenartigen Gerichten üppig bewirtet, sondern auch Gäste, die spontan vorbeischauen. Die nomadischen Stämme behielten ihre alten Eßgewohnheiten bei. Immer noch feiern die Beduinen Feste, bei denen das wichtigste Gericht *mechoui* ist (ein am Spieß gebratenes ganzes Lamm). In den Städten wurde das Rezept abgewandelt: dort halbiert oder viertelt man das Lamm vor dem Braten.

In den Häusern des nordafrikanischen Mittelstandes serviert man Mahlzeiten in formaler Eleganz. Leuchtende Mosaike schmücken die Wände des Eßzimmers, das mit Webteppichen, viel silbernem Zierat und handgeschnitzten Möbeln ausgestattet ist. Beim Essen sitzt man an niedrigen Tischen (*tbla* oder *mida*). Wortlos trägt ein Bediensteter oder ein junges Familienmitglied eine Schüssel mit parfümiertem Wasser zu den Speisenden, hält sie unter ihre Hände und gießt aus einem *ied ettas* Wasser über sie. Dann wird ein Handtuch gereicht.

Man ißt traditionell mit Daumen, Zeige- und Mittelfinger der rechten Hand (die linke Hand wird als unrein betrachtet). Das Essen mit einem Finger gilt als Zeichen von Abscheu, verwendet man nur zwei Finger, zeigt dies Hochmut, drei Finger hingegen stehen im Einklang mit dem Propheten Mohammed. Wer mit vier oder fünf Fingern ißt, gilt als gierig.

Brot dient zum Auftunken von Garflüssigkeit sowie Saucen und dazu, Nahrung zum Mund zu führen. Weizen ist – als *couscous* und Brot – ein Grundnahrungsmittel, Reis aber nicht.

In einem Land mit hoher Analphabetenrate wurden und werden Rezepte und Kochkenntnisse mündlich von der Mutter an die Tochter weitergegeben. Kochen galt schon immer als Frauenarbeit, und eine nordafrikanische Hausfrau verbringt den größten Teil ihrer Zeit mit der Zubereitung von Gerichten. Bei außergewöhnlichen Gelegenheiten wie Familienfesten versammeln sich alle weiblichen Verwandten und Freunde in der Küche, um bei den Vorbereitungen zu helfen und dabei Rezepte, Erfahrungen und Wissen auszutauschen.

Kochutensilien

Die einfachen Küchen Nordafrikas sind mit einem Minimum an Kochgerät ausgestattet. Die billigen und zahlreichen Hilfskräfte führen viele Arbeiten nicht mit Geräten, sondern von Hand aus. Backöfen findet man selbst in Restaurants selten, denn gebacken wird in Gemeinschaftsbacköfen. Waagen oder Meßbecher fehlen ebenfalls. Man verläßt sich auf sein Augenmaß und seine Erfahrung.

In der traditionellen Küche gibt es keine Stühle, und oft fehlt sogar ein Tisch. Die Köchinnen hocken sowohl beim Vorbereiten als auch Garen am Feuer. Vielleicht gibt es ein oder zwei Schemel oder einen alten zusammengefalteten Teppich, der der Köchin als Sitzgelegenheit dient. Zudem findet man in einer traditionellen Küche auf dem Land häufig folgende Utensilien:

COUSCOUSIÈRE Sie besteht aus zwei Teilen. Im unteren Teil (*gdra*), der aus Blech, Aluminium, Edelstahl oder Ton sein kann, werden Fleisch, Geflügel und Gemüse gegart. Der obere Teil (*kskas*), in dem sich der *couscous* befindet, hat einen perforierten Boden und sitzt fest auf, damit der Dampf von unten die Körnchen durchdringt und ihnen Geschmack verleiht. Anstelle des oberen Aufsatzes kann auch ein festsitzender Durchschlag oder Dämpfaufsatz verwendet werden.

GENBURA Der glasierte Tontopf, der im Verhältnis zur Höhe sehr breit ist, wird als Wasserbehälter verwendet.

GHORBAL Der Durchschlag mit perforiertem Boden aus Leder dient zum Sieben von Hartweizengrieß.

GSAA Das große, flache Gefäß aus Holz oder unglasiertem Ton mit einer 10 cm breiten Tülle wird zur Herstellung von Kuchen-, Brot- und Gebäckteig benutzt wie auch zum Mischen und Vorbereiten von Hartweizengrieß für *couscous*.

KHABIAS Das recht hohe, aber nicht sehr breite Tongefäß, das innen glasiert ist, dient zum Konservieren von Fleisch und Aufbewahren von Mehl, Getreide und Hülsenfrüchten.

MGHORFA Großer Holzlöffel.

M'IDOURNA ODER T'BECK Der runde, flache Korb kann auch zum Lockern von Hartweizengrieß für *couscous* verwendet werden.

MEHRAZ Der schwere Mörser aus Messing dient zum Zerkleinern von Gewürzen und Kräutern (Holz wird nicht verwendet, da es sich bald verfärben würde).

QA TAGINE In das tiefe Kupfergefäß wird eine *tagine slaoui* zum Servieren gesetzt, um den Tisch zu schützen.

TAGINE SLAOUI Der runde Tontopf mit einem glasierten Deckel in Form eines Kulihutes wird oft einfach als *tagine* bezeichnet. Er wird zum Garen von Eintöpfen

OBEN *Frauen auf dem Markt von Oued Laou in Marokko bieten Töpferwaren zum Verkauf an*

OBEN *Messing- und Kupfergeschirr auf dem Markt von Marrakesch, Marokko*

aus Fleisch, Fisch, Geflügel und Gemüse verwendet. In Nordafrika kocht man eine *tagine* über Holzkohle. Will man eine traditionelle *tagine* aus Ton auf die direkte Wärmequelle eines Elektro- oder Gasherds setzen, verwendet man am besten eine Kochschutzmatte.

In den meisten Küchen gibt es vermutlich auch einige *taouas* (Schmortöpfe) aus Kupfer, Pfannen zum Braten von Fisch oder Rösten von Mandeln, Messer und Tonflaschen zum Aufbewahren von Gewürzen.

Zum Garen wird ein kleines Kohlenbecken verwendet, das meist rund und aus unglasiertem Ton ist und *kanoun* oder *mjmar* genannt wird. Es hat drei erhöhte Punkte, auf denen der runde Boden einer *tagine* sicher aufliegt. Die geringe, gleichmäßige Hitze des Holzkohlenfeuers eignet sich ideal für *tagine*, die langsam gegart werden müssen, damit sie ihr volles Aroma entfalten. Zudem ist diese Hitze ideal, um aromatische Saucen behutsam köcheln zu lassen. Andererseits kann ein Holzkohlenfeuer auch stärkere Hitze entwickeln, um etwa *kebab* oder Fisch zu garen.

Weitere traditionelle Utensilien sind ein großer Korb mit einem verzierten, spitzen Deckel, der *t'bicka* genannt wird und zum Servieren von Brot dient, und der *t'bsil dial warka*, ein großes, rundes, flaches Gefäß mit einem Blechdeckel und einem schmalen Rand, das zum Backen von *b'stilla* und umgedreht zum Backen von *warka* verwendet wird.

Aromen Nordafrikas

CHERMOULA Diese unverwechselbare Mischung aus Zwiebel, Koriander, Knoblauch, Chillies und Gewürzen wird oft verwendet, um Gerichten Charakter und Geschmack zu verleihen. *Chermoula* dient als Marinade für Fisch, Geflügel, Lammfleisch und Wild wie Kaninchen, die man grillt, im Backofen brät oder schmort. Jede Köchin verwendet andere Zutatenkombinationen und Mengenverhältnisse, die zudem auch vom Mariniergut und dem Charakter der Gerichte abhängen.

Auf Seite 126 finden sich zwei Grundrezepte für *chermoula*.

COUSCOUS besteht aus Hartweizengrieß, der gemahlen, befeuchtet und mit Mehl überzogen ist. Der größte Teil des handelsüblichen *couscous* ist vorgegart und braucht nur mit Wasser befeuchtet und gedämpft zu werden, um ihn zu erhitzen und die Körnchchen zu trennen. Gewöhnlich arbeitet man Butter unter, damit der *couscous* lockerer und gehaltvoller wird. Um *couscous* für vier Personen zuzubereiten, gibt man 500 g Instant-*couscous* in eine Schüssel, gießt etwa 300 ml kochendes Wasser darüber, rührt gut um und läßt den *couscous* 10 Min. stehen. Dann gibt man noch einmal 300 ml Wasser sowie 2 TL Olivenöl dazu, lockert den *couscous* mit einer Gabel und läßt ihn weitere 10 Min. quellen, bis er weich, aber noch körnig ist. Dann läßt man ihn in einem Dämpfeinsatz unbedeckt 10 Min. über einem Topf mit kochendem Wasser bzw. etwa 20 Min. über einem Topf mit sanft garendem Fleisch oder Gemüse dämpfen. Anschließend lockert man ihn noch einmal mit der Gabel, richtet ihn auf einem großen vorgewärmten Servierteller an, setzt Butterflöckchen darauf, gibt Salz und Pfeffer dazu und hebt ihn durch. Man formt einen Hügel mit einer großen Mulde in der Mitte, in die man Fleisch und Gemüse füllt.

GEWÜRZE bilden das Rückgrat der nordafrikanischen Küche. Sie werden großzügig, jedoch wohlüberlegt und mit großer Sachkenntnis verwendet, um den Speisen Charakter zu geben und den Geschmack der anderen Zutaten zu heben. Gewürze regen auch den Appetit an, indem sie Gerichten verführerische Aromen und Farben verleihen, und fördern die Verdauung.

Die beliebtesten und wirklich unverzichtbaren Gewürze sind Kreuzkümmel, Paprika, Safran, Ingwer, Zimt, Koriander und Cayennepfeffer. Da bei fast allen Gerichten dieselben Gewürze verwendet werden, sollte man stets einen Vorrat an frischen Gewürzen im Haus haben.

KRÄUTER Als frische Kräuter werden nur glatte Petersilie und Koriander regelmäßig und großzügig verwendet. In kleineren Mengen nimmt man auch zumeist getrocknete Minze.

OLIVENÖL Viele Nordafrikaner verwenden große Mengen Öl – nach westlichem Geschmack oft zuviel. Das Öl verleiht den Speisen nicht nur Aroma, sondern bindet die Zutaten und dickt Gerichte wie *tagine* an. Bei den Rezepten in diesem Buch wurde die Ölmenge auf westliche Gaumen abgestimmt.

RAS EL HANOUT Diese Wendung bedeutet wörtlich übersetzt „Geschäftsführer“ oder „Wahl des Ladenbesitzers“. Es ist eine alte, komplizierte Mischung aus vielen pulverisierten Gewürzen, Wurzeln, Rinden und Blüten. Manchmal besteht sie nur aus zehn Zutaten, oft sind es aber zwanzig, fünfundzwanzig oder noch mehr. Jede Köchin hat ihr eigenes Rezept, doch sollte *ras el hanout* immer aphrodisierende Substanzen wie Kantharidin (spanische Fliege) enthalten. Ein vereinfachtes Rezept findet sich auf Seite 118.

SMEN Diese Art geklärte Butter wird auf ähnliche Weise zubereitet wie das indische *ghee*. Mitunter wird sie mit wilden Kräutern aromatisiert. *Smen* hat einen recht starken käseartigen Eigengeschmack, an den man sich erst gewöhnen muß. Es wird vor allem auf Brot gegessen. Gerichten wie *tagine, k'dra* und *couscous* verleiht es einen charakteristischen Geschmack. Berber bewahren es zuweilen jahrelang in Gläsern auf, wobei es im Laufe der Zeit dunkler wird und einen schärferen Geschmack annimmt. Ein Rezept für *smen* findet sich auf Seite 120.

WARKA Um diesen papierdünnen Teig herzustellen, klopft man kleine Teigkugeln auf einer gewölbten Metallfläche, die über einem Kohlenbecken erhitzt wird, 18–20mal hintereinander in einer Abfolge sich leicht überlappender konzentrischer Kreise flach. Auf diese Weise entsteht ein großes, rundes und extrem dünnes Teigblatt. Man braucht für die Herstellung Erfahrung, Geschicklichkeit und Geduld. Heute wird der Teig oft fertig in Geschäften gekauft. Die beste Alternative für die westliche Küche ist Phyllo-Teig; es können auch Teighüllen für chinesische Frühlingsrollen verwendet werden.

Weine der Region

Viele Nordafrikaner trinken keinen Wein, da ihnen der Koran den Genuß von Alkohol verbietet. Doch schon vor der Verbreitung des Islam hatten die Römer Wein nach Nordafrika gebracht und erfolgreich angebaut. In dem günstigen Klima und unter den guten Bodenbedingungen gedieh er gut, und der Weinbau weitete sich rasch aus. Nach dem Untergang des Römischen Reiches lag die Weinherstellung brach, bis die französischen und spanischen Kolonialherren südfranzösische und, in geringerem Maß, spanische Rebsorten pflanzten.

Als Marokko 1956 unabhängig wurde, stellte die Regierung ein System zur Qualitätskontrolle auf, das auf der französischen Appellation Controlée basierte. Tunesien und Algerien folgten bald dem Beispiel.

Die Rebfläche nahm wieder rasch zu, und 1973 wurde der Weinbau in Marokko zu einem der tragenden Wirtschaftsfaktoren erklärt. Seitdem hat der Islam jedoch wieder an Einfluß gewonnen, und der Weinbau ist erneut zurückgegangen.

Die große Mehrzahl der nordafrikanischen Weine sind verschnittene Rotweine, doch vor Ort kann man auch einige hervorragende Tropfen finden.

Variationen eines Themas

Wenn man die Küche von drei ähnlichen, benachbarten Ländern vorstellt, werden sich unweigerlich zahlreiche Rezepte überschneiden. Doch jedes Land drückt durch etwas andere Garmethoden und Aromazutaten einer Speise den eigenen Stempel auf. Unterschiedliche Versionen des gleichen Gerichtes findet man selbst innerhalb einer Region, in Städten, Dörfern und sogar von Familie zu Familie. Seien Sie daher nicht überrascht, wenn Sie einem Gericht begegnen, das den gleichen Namen wie eines meiner Rezepte trägt, aber anders schmeckt.

Sie werden vielleicht auch verschiedene Schreibweisen für Rezeptnamen finden – Namen und Schreibweisen sind in Nordafrika ohnehin nicht einheitlich. In jedem Land und zuweilen selbst in einzelnen Distrikten innerhalb eines Landes gibt es eine eigene Version des Arabischen. Marokkanisches Arabisch ist, im Gegensatz zum klassischen Arabisch, eine gesprochene Sprache, und daher kann die Lautschrift enorm variieren. *B'stilla* beispielsweise kann auch *bisteeya, bstila, pstilla* und *pasteeya* geschrieben werden. Der hauchdünne Teig, mit dem diese Pastete zubereitet wird, heißt *warka* oder auch *ouarka.*

OBEN *Fliesen über einer Tür in dem vertrauten Blau, das Gottes Gegenwart symbolisiert, in Sidi Bou Said, Tunesien*

1

Suppen

Suppen sind in Nordafrika gut gewürzt, kräftig und nahrhaft und werden gewöhnlich abends serviert. Am bekanntesten ist die moslemische *harira*, die traditionell während des Fastenmonats Ramadan bei Sonnenuntergang verzehrt wird. Man ißt sie auch zu anderen Zeiten des Jahres.

Tunesische Fischsuppe

BROUDOU BIL HOUT

Es gibt deutliche Ähnlichkeiten zwischen dieser gehaltvollen Fischsuppe und der bouillabaisse, *die auf der anderen Seite des Mittelmeeres gegessen wird. Sie kann mit Fischen mit geringem Fettgehalt wie Makrelen und Sardinen und Meeresfrüchten zubereitet werden. Für den Fond können Köpfe, Schwänze, Haut und Gräten verwendet werden.*

FÜR 6–8 PERSONEN

3 EL Olivenöl
2 Zwiebeln, gehackt
3 Knoblauchzehen, gehackt
1 rote Paprikaschote, gehackt
etwa 1 TL harissa *(siehe Seite 120)*
1/4 TL zerstoßene Safranfäden
1/4–1/2 TL gemahlener Zimt
1/4–1/2 TL gemahlener Kreuzkümmel
1 Fenchelknolle, gewürfelt, das Grün aufbewahrt
2 große Kartoffeln, in kleine Stücke geschnitten
3 EL Zitronensaft
1,5 l Fischfond oder Wasser
2 kg verschiedene Fische und Meeresfrüchte, küchenfertig vorbereitet
4 aromatische Tomaten, abgezogen, entkernt und gehackt
je 1/2 Bund Koriander und Petersilie, feingehackt
Salz und Pfeffer
Brot zum Servieren

Das Öl in einem großen Topf erhitzen. Die Zwiebeln darin dünsten, bis sie weich sind, aber noch keine Farbe angenommen haben. Knoblauch und Paprikaschote dazufügen und 2–3 Min. garen. *Harissa,* Gewürze, Fenchel, Kartoffeln, Zitronensaft und Fond oder Wasser dazugeben und umrühren. Den Topfinhalt zum Kochen bringen. Etwa 20 Min. köcheln lassen, bis die Kartoffeln beinahe weich sind. Fisch und Meeresfrüchte, Tomaten, Kräuter sowie Salz und Pfeffer nach Geschmack hinzufügen, falls nötig auch noch weiteres Wasser. Die Zutaten sanft köcheln lassen, bis der Fisch und die Meeresfrüchte gar sind. Die Suppe mit dem gehackten Fenchelgrün bestreut servieren. Dazu Brot reichen.

OBEN *Fischerboote in M'Diq, Marokko*

Linsensuppe

Seit Jahrhunderten sind Linsen ein vielseitiger, preiswerter, einfacher und nahrhafter Proteinlieferant. Sie werden in der arabischen Küche seit der Zeit der alten Sumerer und Ägypter verwendet.

FÜR 6–8 PERSONEN

200 g Linsen
2 EL Olivenöl
1 Gemüsezwiebel, feingehackt
2 Knoblauchzehen, gehackt
350 g Kalbshaxe, in kleinen Stücken
je 1/2 TL gemahlener Kreuzkümmel und Zimt
1/4 TL Cayennepfeffer
1,5 l Wasser
3 kleine bis mittelgroße Möhren, gewürfelt
3 Stangen Staudensellerie, in Scheiben
2 Kartoffeln, gewürfelt
Salz und Pfeffer
1 Bund Koriander, grobgehackt
Zitronensaft

Die Linsen in einem Topf mit Wasser mindestens 10 Min. kochen, dann abtropfen lassen und beiseite stellen. Das Öl in einem Topf erhitzen. Zwiebel, Knoblauch und Fleisch dazugeben und unter häufigem Rühren garen, bis die Zwiebel weich ist. Die Gewürze unterrühren. Wenn sie zu duften beginnen, Linsen und Wasser dazugeben. Die Zutaten zum Kochen bringen, abschäumen und mit halb aufgelegtem Deckel etwa 1 Std. köcheln lassen, bis das Fleisch weich ist.

Die Gemüse dazugeben und alles noch einmal 30–40 Min. garen. Die Suppe salzen und pfeffern und mit Koriander sowie Zitronensaft abschmecken. Sofort servieren.

Kichererbsensuppe

LABLABI

Lablabi *ist eine dickflüssige, kalorienreiche Suppe aus Tunesien, die mit reichlich Knoblauch zubereitet wird. Durch die lange Garzeit verliert der Knoblauch an Intensität. Die Ölmenge wurde bei diesem Rezept reduziert. Nach Geschmack können gemahlene Gewürze wie Kreuzkümmel, Koriander und Paprika hinzugefügt werden.*

FÜR 4 PERSONEN

6 EL Olivenöl
10 Knoblauchzehen, zerdrückt
350 g Kichererbsen, über Nacht eingeweicht und abgetropft
1,8 l Wasser
1 Gemüsezwiebel, feingehackt
2 Möhren, gewürfelt
1 Staudensellerie, gewürfelt
Salz und Pfeffer
Zitronensaft
1 Bund Koriander, gehackt

In 4 EL Öl den Knoblauch braten, bis er duftet. Die Kichererbsen hineinrühren, dann das Wasser dazugießen und zum Kochen bringen. Den Schaum abschöpfen und die Kichererbsen köcheln lassen, bis sie weich sind. In der Zwischenzeit das übrige Öl in einem Schmortopf erhitzen. Zwiebel, Möhren und Staudensellerie hinzufügen und zugedeckt etwa 20. Min. behutsam garen.

Die Gemüse zu den Kichererbsen geben. Die Hälfte dieser Mischung im Mixer oder mit einem Pürierstab pürieren oder durch ein Sieb streichen. Wieder in den Topf geben, umrühren und erhitzen. Die Suppe mit Salz und Pfeffer sowie Zitronensaft abschmecken und den Koriander darüberstreuen.

LINKS *Linsensuppe*

Lamm-Gemüse-Suppe mit Fadennudeln

CHORBAH

Überall im Maghreb findet man Variationen dieser dickflüssigen Nudelsuppe, möglicherweise unter etwas abweichenden Namen. Da Lammfleisch in Nordafrika meist recht zäh ist, köchelt man es mit Knochen am Stück zunächst etwa eine Stunde, um sicherzustellen, daß es wirklich weich ist. Unser zarteres Lammfleisch benötigt keine so lange Garzeit.

FÜR 6 PERSONEN

3 EL Olivenöl
4 Zwiebeln, gehackt
3 Knoblauchzehen, gehackt
3 rote Paprikaschoten, in kleine Stücke geschnitten
700 g mageres Lammfleisch, gewürfelt
2 Lammknochen, durchgehackt
1,75 l Brühe oder Wasser
Salz und Pfeffer
1 Prise zerstoßene getrocknete rote Chilischoten
4 Tomaten, gewürfelt
125 g getrocknete Aprikosen
1–1 1/2 EL gehackte Minzeblätter
125 g Fadennudeln
1 EL Zitronensaft
gehackte frische Petersilie und Minze zum Garnieren

Das Öl in einem großen Topf erhitzen. Zwiebeln, Knoblauch, Paprikaschoten und Lammfleisch darin unter gelegentlichem Rühren etwa 10 Min. garen. Knochen, Brühe, Salz, Pfeffer, Chili, Tomaten, Aprikosen und Minze dazugeben und gerade zum Kochen bringen, dann die Zutaten etwa 1 1/4–1 1/2 Stunden köcheln lassen, bis das Fleisch sehr weich ist.

Den Topfinhalt zum Kochen bringen. Die Nudeln hineingeben und 5 Min. garen, bis sie weich sind. Die Suppe in eine vorgewärmte Terrine gießen. Den Zitronensaft hineinrühren und mit gehackter Petersilie und Minze garnieren.

RECHTS *Die Architektur Nordafrikas zeigt Einflüsse aus dem Nahen Osten*

Harira

In Marokko signalisiert man im Fastenmonat Ramadan bei Sonnenuntergang mit Kanonensalven das Ende jedes Fastentags. Danach läßt man sich zu einer nahrhaften und würzigen harira *nieder.* Harira *wird jedoch nicht nur während des Ramadan gegessen. Anstelle von Lamm kann man auch Huhn verwenden, das Wasser durch Hühnerbrühe ersetzen oder für eine vegetarische Suppe auf Fleisch ganz verzichten und statt dessen ein oder zwei weitere Gemüse wie Auberginen und Zucchini hinzufügen. Mitunter wird diese Suppe am Ende der Garzeit mit Mehl oder Eiern angedickt.*

FÜR 6 PERSONEN

2 EL Olivenöl
250 g mageres Lammfleisch, gewürfelt
1 Zwiebel, gehackt
125 g Kichererbsen, über Nacht eingeweicht und abgetropft
1,5 l Wasser
125 g rote Linsen
400 g Tomaten, abgezogen, entkernt, gehackt
1 EL Tomatenmark
1 TL gemahlener Zimt
1 rote Paprikaschote, entkernt und gehackt
50 g Fadennudeln
1 Bund Koriander, gehackt
Salz und Pfeffer
Zitronenspalten zum Servieren

Das Öl in einem großen Topf erhitzen und das Lammfleisch darin gleichmäßig leicht bräunen. Die Zwiebel unterrühren und dünsten, bis sie weich ist. Kichererbsen und Wasser dazugeben, zum Kochen bringen und zugedeckt 1 Std. köcheln lassen, bis die Kichererbsen fast weich sind.

Linsen, Tomaten, Tomatenmark, Zimt und Paprikaschote dazugeben und etwa 15 Min. köcheln lassen. Dann die Nudeln dazufügen. Den Topfinhalt zum Kochen bringen und noch einmal 15 Min. köcheln lassen, bis die Linsen und Nudeln weich sind. Koriander, Salz und Pfeffer hineinrühren. Mit Zitronenspalten servieren.

OBEN *Licht und Schatten bilden in der algerischen Wüste einen lebhaften Kontrast*

Suppe mit Fisch, Tomate und Kartoffeln

SHORBA BIL HOUT

Für diese algerische Suppe kann jeder weißfleischige Fisch verwendet werden. Besonders gut eignen sich Kabeljau und Schellfisch. Der Geschmack von zartem Fisch wie Scholle, Seezunge und Wittling wird durch die anderen Zutaten überdeckt. Obwohl dies nicht der Tradition entspricht, kann auch Forelle hinzugefügt werden.

FÜR 6 PERSONEN

- *3 EL Olivenöl*
- *2 Zwiebeln, gehackt*
- *4 Knoblauchzehen, zerdrückt*
- *500 g aromatische Tomaten, abgezogen, entkernt und gehackt*
- *$1^1/_2$ TL Paprikapulver*
- *1 Prise Cayennepfeffer*
- *1 große Prise zerstoßene Safranfäden*
- *2 Lorbeerblätter*
- *1–$1^1/_2$ TL frischer Thymian*
- *2 große Kartoffeln, gewürfelt*
- *2,5 l Wasser*
- *1 kg feste weißfleischige Fischfilets, enthäutet*
- *$2^1/_2$–4 EL Zitronensaft*
- *Salz und Pfeffer*
- *2 Eier*

Das Öl in einem großen Topf erhitzen und die Zwiebeln darin dünsten, bis sie weich sind, aber noch keine Farbe angenommen haben. Knoblauch und Tomaten hinzufügen und etwa 10 Min. garen, bis die Tomaten etwas Flüssigkeit abgegeben haben. Sorgfältig Paprikapulver, Cayennepfeffer, Safranfäden, Kräuter und Kartoffeln unterrühren, dann das Wasser hinzufügen und zum Kochen bringen. Den Topfinhalt etwa 15 Min. köcheln lassen, bis die Kartoffeln beinahe gar sind. Den Fisch dazugeben und sehr behutsam garen, bis er sich zerblättern läßt.

Die Lorbeerblätter entfernen und die Suppe im Mixer pürieren oder durch ein Sieb streichen. Wieder in den Topf geben und erhitzen, gegebenenfalls etwas Wasser hinzufügen, falls sie zu dick ist – sie wird noch etwas dicker, wenn die Eier zugefügt werden. Mit Zitronensaft sowie Salz und Pfeffer abschmecken.

Die Eier mit einer Kelle Suppe in einer kleinen Schüssel verschlagen. Die Eimischung in die Suppe geben und behutsam unter Rühren erhitzen, bis die Suppe angedickt ist. Nicht kochen lassen.

2 Vorspeisen, Salate und Snacks

Bei einer ganzen Reihe sogenannter nordafrikanischer Salate handelt es sich nicht um Salate im westlichen Sinn, sondern um Dips oder Pürees. Manche Salate werden aus einem oder mehreren Gemüsen bereitet, die roh oder gegart sein können. Man kann als ersten Gang eine Auswahl von Salaten servieren, die man dann während der ganzen Mahlzeit auf dem Tisch stehen läßt. Oder man reicht sie als Snack mit Brot.

Salat aus gegrillten Paprikaschoten und Tomaten

SALADE DE POIVRONS ET TOMATOES

Rote Paprikaschoten und Tomaten erhalten einen wunderbar rauchigen Geschmack und eine seidige Konsistenz, wenn sie gegrillt werden – traditionell über Holzkohle. Dieser Salat stammt aus Marokko und kann nach Belieben mit Kreuzkümmel und Cayennepfeffer oder einer halben in Streifen oder Würfel geschnittenen eingelegten Zitrone aromatisiert werden. Er eignet sich als Vorspeise oder Beilage zu gegrilltem Fleisch, Geflügel oder Fisch.

FÜR 4 PERSONEN

3 große rote oder grüne Paprikaschoten
4 aromatische Tomaten
Salz und Pfeffer
2 Knoblauchzehen, feingehackt
1 kleiner Bund Petersilie, gehackt (nach Belieben)

Den Grill vorheizen. Paprikaschoten und Tomaten grillen und dabei gelegentlich wenden, bis die Haut gleichmäßig geschwärzt ist und Blasen wirft. Etwas abkühlen lassen, dann die Haut abziehen. Rippen und Kerne entfernen. Das Fleisch in Stücke schneiden, in eine Schüssel geben und vermischen.

Salz, Pfeffer, Knoblauch und Petersilie darüberstreuen und den Salat abgedeckt kalt stellen. Vor dem Servieren überschüssige Flüssigkeit abtropfen lassen.

Salat aus roten Paprikaschoten und Eiern

SALATAT MESHWIYA

Kapern und Zitronensaft verleihen diesem leuchtend bunten Salat eine herrlich pikante Note.

FÜR 4 PERSONEN

4 rote Paprikaschoten, halbiert
2 EL Zitronensaft
4 EL Olivenöl
Salz und Pfeffer
4 aromatische Tomaten, in Scheiben geschnitten
1 rote Zwiebel, in Scheiben geschnitten
3 hartgekochte Eier
2 TL Kapern
in Öl eingelegte schwarze Oliven und gehackte frische Petersilie zum Garnieren

Den Grill vorheizen. Die Paprikaschoten unter gelegentlichem Wenden grillen, bis die Haut gleichmäßig geschwärzt ist und Blasen wirft. Etwas abkühlen lassen, dann die Haut über einer Schüssel abziehen, um den Saft aufzufangen. Die Haut wegwerfen, das Fleisch in Streifen schneiden.

Zitronensaft, Öl sowie Salz und Pfeffer in die Schüssel geben und mit dem aufgefangenen Saft der Paprikaschoten verschlagen.

Paprika mit Tomaten, Zwiebel, Eiern und Kapern vermischen und in eine Servierschüssel geben. Das Dressing darübergießen und den Salat mit Oliven und gehackter Petersilie bestreuen.

RECHTS *Salat aus gegrillten Paprikaschoten und Tomaten*

Salat aus Bulgur, roter Paprika, Gurke und Käse

Diesem Salat können kurz vor dem Servieren auch in Öl eingelegte schwarze Oliven zugefügt werden.

FÜR 4–6 PERSONEN

250 g Bulgur
300 ml kochendes Wasser
4 EL Olivenöl
3 EL Zitronensaft
Salz und Pfeffer
2 EL gehackte frische Minze
3 EL gehackter frischer Koriander
1 rote Paprikaschote, gegrillt, abgezogen und in Streifen geschnitten
1 Bund dicke Frühlingszwiebeln, gehackt
2 Knoblauchzehen, gehackt
½ Salatgurke, in kleine Stücke geschnitten
125 g Feta-Käse, zerbröselt
Limettenspalten zum Servieren

Den Bulgur in eine große Schüssel geben. Mit dem kochenden Wasser übergießen und etwa 30 Min. quellen lassen, bis das Wasser aufgenommen ist, zwischendurch mit einer Gabel umrühren.

Öl, Zitronensaft, Salz und Pfeffer in einer Schüssel verrühren. Die Mischung über den Bulgur gießen. Die Kräuter hinzufügen und sorgfältig unterheben. Dann die restlichen Zutaten untermischen. Den Salat abdecken und bis zum Verzehr kalt stellen. Mit Limettenspalten garniert servieren.

Pikanter Möhrensalat

FÜR 4 PERSONEN

500 g kleine Möhren
1 Knoblauchzehe
½ TL Paprikapulver
½ TL gemahlener Kreuzkümmel
je 1 Prise gemahlener Zimt, Cayennepfeffer und Zucker
3 EL Zitronensaft
2 EL gehackte frische Petersilie
1½ EL Olivenöl
Salz

Möhren und Knoblauch in einem Topf mit kochendem Salzwasser gerade weich garen. Abtropfen lassen. Den Knoblauch wegwerfen, die Möhren in Scheiben schneiden und in eine Servierschüssel geben.

In einer kleinen Schüssel Gewürze, Zucker und Zitronensaft vermischen, über die Möhren gießen und den Salat durchheben. Abdecken und kalt stellen.

Kurz vor dem Servieren Petersilie, Olivenöl und Salz darübergeben.

LINKS *Salat aus Bulgur, roter Paprika, Gurke und Käse*

Gebratene Brottaschen

KHOBZ BISHEMAR

Direkt aus der Pfanne heiß gegessen sind diese Brottaschen ein köstlicher Snack. Da man den Hefeteig vor dem Garen einsticht, nimmt er alles überschüssige Fett aus der Füllung auf und macht die Taschen köstlich und nahrhaft. Kalt schmeckt dieser Snack nicht so gut.

FÜR 4 PERSONEN

1 Portion marokkanischer Brotteig, geknetet (siehe Seite 110)
Butter zum Braten
Salz

FÜLLUNG:

75 g Rindertalg (Nierenfett), feingehackt
1 getrocknete rote Chilischote, feingehackt
3 EL feingehackte Zwiebel
3 EL feingehackte frische Petersilie
1/2 TL gemahlener Kreuzkümmel
1 TL Paprikapulver

Mit leicht geölten Händen aus dem Teig vier Kugeln formen und diese zu etwa 20 x 30 cm großen Rechtecken auseinanderdrücken.

Die Zutaten für die Füllung in einer Schüssel mischen. Jeweils ein Viertel der Mischung auf der Mitte eines Teigrechtecks verteilen und eine Längsseite über die Füllung klappen. Das Rechteck auf eine Größe von 20 x 30 cm flachdrücken, dann noch einmal wie oben falten. Auf ein eingefettetes Backblech legen, abdecken und gehen lassen.

Eine schwere Bratpfanne erhitzen und ein kleines Stück Butter hineingeben. Die Teigtaschen auf jeder Seite fünf- bis sechsmal einstechen und dann jede Seite 8–10 Min. backen, bis sie knusprig und goldbraun ist. Heiß servieren, auf Wunsch mit etwas zerlassener Butter bestreichen.

RECHTS *Die Sahara in Algerien*

Tunesische Teigtaschen mit Eifüllung

BRIKS A L'ŒUF

Diese leichten, knusprigen Taschen serviert man sofort, wenn sie fertig sind. Obwohl dies natürlich nicht authentisch ist, kann man anstelle des traditionellen und schwer erhältlichen warka*-Teigs Teighüllen für chinesische Frühlingsrollen verwenden.*

ERGIBT 4 STÜCK

3–4 Frühlingszwiebeln, feingehackt
20 g Butter
1 EL gehackte frische Petersilie
125 g Thunfisch aus der Dose, abgetropft und zerdrückt
einige Kapern, gehackt
1 EL frisch geriebener Parmesankäse (nach Belieben)
Salz und Pfeffer
4 warka*-Blätter oder Teighüllen für Frühlingsrollen*
4 kleine Eier
1 Eiweiß, verquirlt
Öl zum Fritieren
Zitronenspalten zum Servieren

Die Frühlingszwiebeln in der zerlassenen Butter dünsten, bis sie weich sind. Dann Petersilie, Thunfisch, Kapern, Parmesankäse (sofern verwendet) sowie Salz und Pfeffer dazugeben. Abkühlen lassen.

Die Teigblätter ausbreiten und auf eine Hälfte jeweils ein Viertel der Füllung geben. Auf jede Portion ein Ei aufschlagen. Die Teigblätter zusammenklappen. Die Ränder mit Eiweiß bestreichen und doppelt umfalten, damit sie sich nicht lösen.

In eine große Bratpfanne 2,5 cm hoch Öl gießen und erhitzen, bis es heiß ist, aber noch nicht raucht. Die Teigtaschen hineingleiten lassen und die Oberseite mit dem heißen Öl bestreichen. Braten, bis die Unterseiten gebräunt sind. Wenden und die andere Seite braten.

Kurz auf Küchenpapier abtropfen lassen und mit Zitronenspalten servieren.

Salat aus geraspelten Möhren

Eine weniger pikante Version dieses würzigen Salats kann man ohne Zimt, Ingwer und Honig, aber mit 3 EL Zitronensaft sowie Zucker, Orangenblütenwasser und Salz zubereiten.

FÜR 4 PERSONEN

500 g junge Möhren, geraspelt
1–2 EL flüssiger Honig
Saft von 1 Zitrone
5 EL Olivenöl
1 TL gemahlener Zimt
1/2 TL gemahlener Ingwer
75 g Rosinen
Salz und Pfeffer

Die geraspelten Möhren in eine große Schüssel geben. In einer kleinen Schüssel die restlichen Zutaten vermischen, dann die Mischung über die Möhren gießen und den Salat gut durchheben. Vor dem Servieren 1 Std. durchziehen lassen.

Möhrendip

OMI HOURIYA

Dieses pikante Püree wird kalt als Dip mit Brot gegessen. Es kann – wenn auch nicht der Tradition entsprechend – zu gegrilltem Fleisch und Geflügel gereicht werden.

FÜR 4 PERSONEN

700 g Möhren, in kleine Stücke geschnitten
2 Knoblauchzehen, gehackt
1/2 kleine Zwiebel, feingehackt
2 EL Olivenöl
2 TL gemahlener Kreuzkümmel
1–2 EL Zitronensaft
etwa 1 TL harissa *(siehe Seite 120)*
Salz

Möhren und Knoblauch in einem Topf mit kochendem Wasser garen, bis die Möhren weich sind. Abtropfen lassen. In der Zwischenzeit das Öl in einem großen Topf erhitzen und die Zwiebel dünsten. Wenn sie weich ist, den Kreuzkümmel dazufügen und behutsam erhitzen, bis er duftet. Möhren, Knoblauch und übrige Zutaten dazugeben. Von der Kochstelle nehmen und zerdrücken. Abkühlen lassen.

Auberginenpüree

SALATAT ASWAD

Diese köstliche Auberginen-Tomaten-Mischung ist typisch für die Pürees, die man in Nordafrika und dem Nahen Osten als Salat bezeichnet. Man serviert sie als Dip mit aufgewärmtem Fladenbrot oder in Stifte geschnittenem knackigem Gemüse, beispielsweise Staudensellerie oder Gurke. Zudem eignet es sich gut als Beilage zu gegrilltem Fleisch, Geflügel oder Fisch.

FÜR 4 PERSONEN

900 g Auberginen
2 Knoblauchzehen, in Scheiben geschnitten
3 Tomaten, abgezogen, entkernt und gehackt
1 TL Paprikapulver
1/2 TL gemahlener Kreuzkümmel
1 EL gehackter Koriander
Salz
1 1/2 EL Olivenöl
3 EL Zitronensaft

Den Backofen auf 220 °C vorheizen. Schlitze in die Auberginen schneiden und Knoblauchscheiben hineinstecken. Die Auberginen im Backofen garen, bis die Haut schwarz ist und Blasen wirft. Abkühlen lassen.

Die Auberginen schälen, den Saft herausdrücken und weggießen. Das Fruchtfleisch in eine Schüssel geben und mit Knoblauch, Tomaten, Paprika, Kreuzkümmel, Koriander und Salz zerdrücken.

Das Öl in einer Pfanne erhitzen. Die Auberginenmischung dazugeben und unter häufigem Rühren etwa 15 Min. braten, bis sie sehr dick ist. Überschüssiges Öl abgießen. Mit Zitronensaft abschmecken. Warm oder kalt servieren.

LINKS *Kürbispüree (oben), Auberginenpüree (Mitte), Möhrendip (unten)*

Kürbispüree

AJLOUKE ET POTIRON

Tunesische harissa *und andere Gewürze verwandeln Kürbis in ein charaktervolles Gericht, das kalt mit Brot gegessen wird. Die Garflüssigkeit des Kürbis kann aufbewahrt und für eine Suppe oder einen Eintopf verwendet werden.*

FÜR 4 PERSONEN

700 g Riesenkürbis
1 1/2 EL Olivenöl
3/4 TL Kümmelsamen
3/4 TL gemahlener Koriander
1 dicke Knoblauchzehe, zerdrückt
etwa 1/4 TL harissa *(siehe Seite 120)*
2–3 EL Zitronensaft
Salz

Den Kürbis schälen. Kerne und Fasern entfernen, in kleine Stücke schneiden und in wenig Wasser zugedeckt behutsam weichgaren. Sorgfältig abtropfen lassen.

Das Öl in einem großen Topf behutsam erhitzen. Kümmel und Koriander dazugeben und unter gelegentlichem Rühren erhitzen, bis sie duften. Kürbis, Knoblauch, *harissa*, Zitronensaft und Salz dazugeben. Den Topf von der Kochstelle nehmen und die Zutaten zerdrücken, dann abkühlen lassen.

Orangen-Möhren-Salat

Orangen und Möhren haben eine natürliche Affinität und ergänzen sich gegenseitig in ihren Aromen. Oft kombiniert man diese beiden Zutaten in Suppen, hier jedoch wurde aus ihnen ein schmackhafter Salat zubereitet.

FÜR 4 PERSONEN

500 g Möhren, geschält und grobgeraspelt
Saft von 1 Orange
Saft von 1 Zitrone
1–2 EL Orangenblütenwasser
Salz und Puderzucker

Möhren mit Orangen- und Zitronensaft sowie Orangenblütenwasser in einer großen Schüssel vermischen. Mit Salz und Puderzucker abschmecken. Abdecken und kalt stellen.

Salat aus Petersilie, Zwiebel und Zitronen

Dieser säuerliche, frische Salat aus Marokko eignet sich gut als Beilage für gegrillte fettreiche Fische wie Sardinen oder kann, zusammen mit etwas Olivenöl, zum Marinieren des Fisches vor dem Garen verwendet werden.

FÜR 4 PERSONEN

1–1 1/2 Bund Petersilie, grobgehackt
1 große Gemüsezwiebel, in dünne Scheiben geschnitten
4 große, vorzugsweise dünnschalige Zitronen, geschält und gewürfelt
Salz und Pfeffer

Alle Zutaten in einer großen Schüssel vermischen und abgedeckt kurz kalt stellen.

Tunesische Ei-Auberginen-Tagine

TAGINE BETINJAL

Bei diesem Gericht ist es wichtig, daß die Auberginenmischung nicht mehr zu stark gegart wird, nachdem Eier und Käse zugefügt wurden. Sie wird sonst zäh, und das Fett rinnt unappetitlich aus dem Käse.

FÜR 4 PERSONEN

500 g Auberginen, gewürfelt
Salz und Pfeffer
Öl zum Braten
1 Zwiebel, grobgehackt
2 Knoblauchzehen, gehackt
3 Eier, verquirlt
1 hartgekochtes Ei, feingehackt
je 1/2 Bund Koriander und Petersilie, feingehackt
50 g Gruyère-Käse, gerieben

Die Auberginen in einen Durchschlag geben, mit Salz bestreuen und für 30–60 Min. zum Abtropfen beiseite stellen. Unter fließendem kaltem Wasser gut waschen und mit Küchenpapier trockentupfen.

In einer *tagine* oder schweren Bratpfanne etwas Öl erhitzen und die Zwiebel darin weichdünsten. Weiteres Öl hinzufügen. Wenn es heiß ist, die Auberginenwürfel darin braten, bis sie weich und leicht gebräunt sind. Den Knoblauch hinzufügen und unter Rühren garen, bis er duftet. Die Pfanne von der Kochstelle nehmen.

Die restlichen Zutaten vermischen und in die Auberginenmischung rühren. Bei sehr schwacher Hitze etwa 10 Min. sanft garen, bis sie gerade fest geworden ist. Falls gewünscht, unter dem heißen Grill bräunen.

OBEN *Wasserpumpe und Brunnen in Kerzas, Tunesien*

Gebackene Auberginen mit Käse

BATINGAN BI JIBN

Dieses leckere arabische Gericht wird warm als Vorspeise oder leichter Hauptgang zusammen mit einem Salat und Fladenbrot serviert.

FÜR 4 PERSONEN

- *2 Auberginen*
- *2 TL getrocknete Minze*
- *2 Tomaten, abgezogen, entkernt und gehackt*
- *1 Knoblauchzehe, gehackt*
- *Pfeffer*
- *350 g Ziegenkäse*

Den Grill vorheizen. Die Auberginen grillen, bis die Haut schwarz ist und Blasen wirft, dabei regelmäßig wenden. Den Backofen auf 200 °C vorheizen.

Wenn die Auberginen abgekühlt sind, die Haut abziehen und das Fleisch hacken. Das Fleisch in eine Schüssel geben, dann Minze, Tomaten, Knoblauch und Pfeffer hinzufügen und die Zutaten durchheben.
Die Mischung in eine Backform füllen und den Käse darüberkrümeln. Für 25 Min. in den Backofen schieben, bis der Käse geschmolzen und leicht gebräunt ist.

Salat aus gegarten Gemüsen

SALADE DE ZAALOUK

Dieser Salat aus Tunesien ist würzig-scharf. Abgedeckt kann er zwei bis drei Tage im Kühlschrank aufbewahrt werden. Er schmeckt noch besser, wenn die Aromen Zeit haben, sich zu entfalten und zu verschmelzen.

FÜR 4–6 PERSONEN

- *3 EL Olivenöl*
- *1 Zwiebel, gehackt*
- *4 Zucchini, in Scheiben geschnitten*
- *2 Auberginen, gewürfelt*
- *2–3 Knoblauchzehen, zerdrückt*
- *2 frische Chillies, gehackt*
- *4 rote Paprikaschoten, in Scheiben geschnitten*
- *4 aromatische Tomaten, abgezogen und in kleine Stücke geschnitten*
- *Salz und Pfeffer*
- *Petersilie oder Koriander zum Garnieren (nach Belieben)*

Das Öl in einem Topf erhitzen. Zwiebel, Zucchini, Auberginen und Knoblauch hinzufügen und etwa 10 Min. garen. Chillies, Paprikaschoten und Tomaten dazugeben, salzen und pfeffern und unter gelegentlichem Rühren sanft garen, bis die Gemüse weich sind und die Flüssigkeit verkocht ist.

In eine Schüssel geben und abkühlen lassen. Auf Wunsch mit Petersilie oder Koriander garnieren.

Hähnchenbrust mit Minze

Die zart marinierte Hähnchenbrust wird auf Spieße gesteckt und gegrillt. In Nordafrika wird häufig mit grüner Minze gewürzt, die sowohl frisch als auch getrocknet beliebt ist. Meist trocknet man sie selbst in der heißen Sonne und reibt die getrockneten Blätter zwischen den Händen, bis die Wärme die aromatischen Öle freisetzt.

FÜR 4 PERSONEN

2 EL Zitronensaft
$1\frac{1}{2}$ TL Olivenöl
2 EL gehackte frische Minze oder 1 EL getrocknete Minze
2 Knoblauchzehen, feingehackt
Salz und Pfeffer
400 g Hähnchenbrustfilet, quer zur Faser in gut 1 cm dicke Stücke geschnitten
Kopfsalatblätter und Tomatenachtel zum Garnieren

In einer großen, flachen Schüssel Zitronensaft, Olivenöl, Minze, feingehackten Knoblauch sowie Salz und Pfeffer vermischen. Das Fleisch dazugeben, in der Marinade wenden und bis zu 2 Stunden in eine kühle Speisekammer oder bis zu 8 Stunden in den Kühlschrank stellen. Vor dem Garen 30 Min. bei Raumtemperatur stehenlassen.

Bei Verwendung von Holzspießen vier oder fünf Spieße von 15 cm Länge 30 Min. in Wasser einweichen. Die marinierten Fleischstücke auf die Spieße stecken und dann unter dem vorgeheizten elektrischen Grill oder auf dem Gartengrill auf jeder Seite $2\frac{1}{2}$–$3\frac{1}{2}$ Min. garen. Auf einem Salatbett mit Tomatenachteln garniert servieren.

LINKS *El-Djem, Tunesien*

Gegrillte Kefta

Um ein besseres Bindevermögen der Zutaten zu gewährleisten, sollte für kefta *Lammfleisch mit etwa zehn Prozent Fettanteil verwendet werden. Wird magereres Fleisch genommen, sind die* kefta *krümeliger und etwas trockener.*

FÜR 4 PERSONEN

600 g frisches Lammhackfleisch
1 Zwiebel, geraspelt
1 EL Paprikapulver
1 TL gemahlener Kreuzkümmel
1/4 TL gemahlener Zimt
1/4 TL Cayennepfeffer
1 Ei, verquirlt
mehrere Minzeblätter, gehackt
1 Bund Koriander, gehackt
2 EL Wasser
2 EL Olivenöl
Salz und Pfeffer
Salz und Kreuzkümmel, gemischt, zum Servieren

Alle Zutaten vermischen und gut kneten, um eine homogene Masse herzustellen – dies kann 15 Min. dauern. Für 1 Std. kalt stellen.

Den elektrischen Grill oder Holzkohlengrill vorbereiten. Aus der Fleischmasse kleine Küchlein von etwa 5 cm Durchmesser und 2 cm Dicke formen. Auf jeder Seite einige Minuten grillen. Mit der Salz-Kreuzkümmel-Mischung bestreut servieren.

Kebab

Kebab *ist eines der berühmtesten Lammfleisch-Gerichte der arabischen Welt. Bei der traditionellen Zubereitung steckt man keine Gemüse auf die Spieße, da das Fleisch dann schlechter gart. Das rohe Lammfleisch kann entweder mariniert oder nach dem Garen mit Gewürzen bestreut werden.*

FÜR 4 PERSONEN

700 g mageres Lammfleisch, gewürfelt
gehackte frische Petersilie und Zitronenspalten zum Servieren

MARINADE:

4 EL Olivenöl
1 EL Zitronensaft
1 Zwiebel, geraspelt
1 Knoblauchzehe, feingehackt
1 1/2 TL gemahlener Kreuzkümmel
1 1/2 TL Cayennepfeffer
2 EL feingehackte frische Petersilie
Salz und Pfeffer

Die Zutaten für die Marinade verrühren. Das Fleisch auf Spieße stecken und in ein flaches Gefäß (nicht aus Metall) legen. Die Marinade darübergeben. Für mindestens 2 Stunden an einen kühlen Platz stellen, zwischendurch gelegentlich wenden.

Den elektrischen Grill oder Gartengrill vorbereiten. Die Spieße unter gelegentlichem Wenden nach Geschmack 4–7 Min. grillen. Mit Petersilie bestreut und Zitronenspalten garniert servieren.

LINKS *Gegrillte* Kefta

Gebratene Paprikaschoten mit Kapern und Knoblauch

Der Charakter dieses Rezeptes ist von dem rauchigen Geschmack der Paprikaschoten geprägt, die gebraten werden, bis ihre Haut sehr dunkel ist. Das Gericht kann warm als Gemüsebeilage oder kalt als Vorspeise serviert werden.

FÜR 4–6 PERSONEN

4 EL Olivenöl
800 g rote Paprikaschoten, in Streifen geschnitten
4 Knoblauchzehen, in Scheiben geschnitten
1 EL Kapern in Salz
2 EL Weißweinessig
Salz und Pfeffer

Das Öl in einer Pfanne erhitzen. Wenn es recht heiß ist, die Paprikaschoten unter häufigem Rühren darin braten, bis sie an den Rändern dunkel werden. Knoblauch und Kapern zufügen. Garen, bis sie brutzeln, dann Essig sowie Salz und Pfeffer dazugeben – da die Kapern in Salz konserviert sind, ist wenig zusätzliches Salz nötig.

Den Essig etwa 1 Min. einkochen lassen. Die Paprika sofort servieren oder abkühlen lassen und abgedeckt vor dem Servieren kalt stellen.

Rote-Bete-Salat

Werden vorgegarte rote Bete verwendet, dürfen sie nicht in Essig eingelegt worden sein.

FÜR 4–6 PERSONEN

900 g rote Bete
1/4 Gemüsezwiebel, feingehackt
1 EL Petersilie, feingehackt
2 EL Zitronensaft
6 EL Olivenöl
1 Prise Cayennepfeffer
Salz und Pfeffer

Die roten Bete mit Schale in kochendem Wasser garen, bis sie weich sind. Abtropfen lassen, unter fließendem kaltem Wasser schälen, würfeln, in eine Schüssel geben und mit Zwiebel und Petersilie vermischen.

Zitronensaft, Öl, Cayennepfeffer sowie Salz und Pfeffer verschlagen und über die roten Bete gießen. Den Salat kurz durchheben und abgedeckt kalt stellen.

RECHTS *Gebratene Paprikaschoten mit Kapern und Knoblauch*

Orangensalat

Orangen sind in Nordafrika, insbesondere in Marokko, herrlich süß und saftig. Sie werden zur Zubereitung von vielen verschiedenen, erfrischenden Salaten verwendet, die man zu Beginn oder als Abschluß einer Mahlzeit serviert.

FÜR 6–8 PERSONEN

6 reife Orangen, geschält und waagrecht in dünne Scheiben geschnitten
12 abgezogene Mandeln, in Blättchen geschnitten
12 frische Datteln, entsteint und in dünne Scheiben geschnitten
1–2 EL Orangenblütenwasser
gemahlener Zimt zum Bestreuen

Die Orangenscheiben in eine flache Servierschüssel geben. Mit Mandeln und Datteln bestreuen und mit dem Orangenblütenwasser beträufeln. Abdecken und kurz kalt stellen.

Dip aus gegrillten Paprikaschoten und Tomaten

SALATA MECHOUIA NABLIA

Dieser Salat aus gegrilltem Gemüse stammt aus dem tunesischen Nabeul.

FÜR 4–6 PERSONEN

500 g rote Paprikaschoten
1 frische rote Chilischote
2–4 Knoblauchzehen, nicht abgezogen
3 aromatische Tomaten
1 EL Kümmelsamen
2–3 EL Olivenöl
Salz
hartgekochte geviertelte Eier, Thunfisch aus der Dose und schwarze Oliven zum Servieren

Den Grill vorheizen. Paprikaschoten, Chilischote, Knoblauch und Tomaten unter gelegentlichem Wenden grillen, bis ihre Haut schwarz und blasig und der Knoblauch weich ist. Abkühlen lassen und abziehen. Von Paprika und Chillie Rippen und Kerne entfernen, die Tomaten entkernen. Die Gemüse mit dem Pürierstab oder im Mixer pürieren oder durch ein Sieb streichen.

Kümmel und Öl in einer Pfanne behutsam erhitzen, bis der Kümmel zu duften beginnt. Mit dem Salz in den Mixer geben und untermischen. Das Püree vor dem Servieren kalt stellen. In einer Schüssel mit Eiervierteln, Thunfischstücken und schwarzen Oliven garniert servieren.

Pochierte Eier auf Paprikaschoten und Tomaten

CHACKOUKA

Die Verwendung feuriger roter Chillies verrät die tunesische Herkunft dieses Gerichtes.

FÜR 4 PERSONEN

3 EL Olivenöl
1 große Zwiebel, in dünne Scheiben geschnitten
350 g rote Paprikaschoten, in Scheiben geschnitten
1–2 frische rote Chilischoten, entkernt und gehackt
700 g aromatische feste, aber reife Tomaten, entkernt und in kleine Stücke geschnitten
Salz und Pfeffer
eine Prise Zucker (nach Belieben)
4 Eier

Das Öl in einer schweren, tiefen Pfanne erhitzen. Die Zwiebel darin braten, bis sie weich ist und Farbe annimmt. Paprika und Chillies dazugeben und unter gelegentlichem Rühren garen. Wenn sie fast weich sind, die Tomaten hineinrühren und 8 Min. garen, bis alle Gemüse weich, aber noch nicht musig sind. Salz und Pfeffer und, falls gewünscht, etwas Zucker hinzufügen.

Vier tiefe Mulden in die Paprikamischung drücken. Die Eier hineinschlagen und zugedeckt behutsam stocken lassen, zwischendurch zwei- oder dreimal mit Garflüssigkeit bestreichen. Sofort servieren.

Kartoffelomelett

MAACOUDA BIL BATATA

Dieses mit Kräutern gesprenkelte Omelett bereitet man mit den gleichen Zutaten zu wie eine spanische tortilla. *Die Kartoffeln werden jedoch nicht in Scheiben geschnitten, sondern zerdrückt. Als nahrhafter Imbiß oder leichtes Mittagessen wird es mit einem grünen Salat serviert. Es kann kalt wie auch warm gegessen werden und eignet sich ausgezeichnet für ein Picknick.*

FÜR 4 PERSONEN

350 g Kartoffeln, in kleine Stücke geschnitten
3 EL Olivenöl
1 Gemüsezwiebel, gehackt
4 Eier
2 Knoblauchzehen, gehackt
1 TL harissa *(siehe Seite 120)*
je 1/2 Bund Koriander und Petersilie, feingehackt
Salz

Die Kartoffeln in einem Topf mit kochendem Wasser weichgaren. In der Zwischenzeit 2 EL Öl in einer Pfanne erhitzen und die Zwiebel darin braten. Wenn sie weich und leicht gebräunt ist, den Knoblauch dazugeben und unter häufigem Rühren garen, bis er duftet.

Die Kartoffeln abgießen und bei schwacher Hitze im Topf lassen. Zerdrücken, dann Zwiebel und Knoblauch unterrühren. Von der Kochstelle nehmen.

In einer Rührschüssel die Eier mit *harissa,* Kräutern und Salz verquirlen. Nach und nach die Eiermischung unter die Kartoffeln schlagen.

Das restliche Öl in einer großen Pfanne erhitzen, die Ei-Kartoffel-Mischung hineingeben und bei sehr schwacher Hitze stocken lassen, bis die Unterseite fest ist. Die Oberseite unter dem Grill bräunen.

Dip aus getrockneten dicken Bohnen

BYESAR

Byesar ist ein Lieblingsgericht der Nordafrikaner. Gewöhnlich werden als Hauptzutat getrocknete dicke Bohnen verwendet. In Tanger bereitet man es mitunter aber auch aus grünen Spalterbsen und Frühlingszwiebeln zu. Bei einer anderen Variante werden die Bohnen mit Kohl gekocht und mit Paprika, Kreuzkümmel, Knoblauch und Salz gewürzt – in Tunesien gibt man harissa oder Paprika und viel Cayennepfeffer dazu. Nach Möglichkeit sollten getrocknete dicke Bohnen ohne Haut gekauft werden. Mit einem Stück Brot, das mit Gewürzen bestreut ist, wird der Bohnendip geschöpft.

FÜR 4–6 PERSONEN

250 g enthäutete getrocknete dicke Bohnen, über Nacht eingeweicht und abgetropft
3 Knoblauchzehen
1 TL Kreuzkümmelsamen
natives Olivenöl
Salz
marokkanisches Brot (siehe Seite 110) und eine kleine Schüssel mit einer Mischung aus gemahlenem Kreuzkümmel, Cayennepfeffer und Salz zum Servieren

Die Bohnen mit Knoblauch und Kreuzkümmel in einem Topf gerade mit Wasser bedeckt 1–2 Stunden (je nach Alter und Qualität der Bohnen) garen, bis sie weich sind.

Abtropfen lassen, dabei die Garflüssigkeit auffangen. Dann die Bohnen im Mixer pürieren oder durch ein Sieb streichen. Genügend Garflüssigkeit und Olivenöl zufügen, so daß eine glatte Paste entsteht. Die Paste salzen und in eine ofenfeste Form geben.

Kurz vor dem Servieren mit etwas Olivenöl beträufelt und mit *za'atar* bzw. Thymian, Majoran oder Oregano bestreut im Backofen erhitzen. Dazu marokkanisches Brot und eine Mischung aus gemahlenem Kreuzkümmel, Cayennepfeffer und Salz reichen.

3
Fisch und Meeresfrüchte

Seine lange Küste erlaubt Nordafrika Zugang zu ausgedehnten Fischgründen im Mittelmeer wie auch im kälteren Atlantik. Die reichsten und vielfältigsten Fänge machen die Tunesier, da vor der Mittelmeerküste ein breiter Kontinentalsockel für optimale Entwicklungsbedingungen der Fische und Meeresfrüchte sorgt. Man findet vor allem Streifenbarben, Brassen, Seebarsch, Sardinen, Anchovis, Seehecht und Garnelen. Es gibt entlang der Küste, etwa im marokkanischen Oualidia, auch regionale Spezialitäten wie Seeigel, Austern und Miesmuscheln.

Im Ofen gegarter Fisch mit gefüllten Datteln

Traditionell verwendet man für dieses marokkanische Gericht Maifisch (Alse), als Ersatz ist jedoch jeder große Süßwasserfisch wie etwa Karpfen geeignet.

FÜR 6 PERSONEN
175 ml Wasser
2 1/2 EL Reismehl
150 g blanchierte Mandeln, feingehackt
Ingwerpulver
1 1/2–2 TL Zucker
20 g Butter
Salz und Pfeffer
450 g dicke frische Datteln, entsteint
1 Maifisch, Karpfen oder Seebarsch (etwa 2 kg schwer), küchenfertig vorbereitet
1/2 Zwiebel, geraspelt
3/4 TL gemahlener Zimt

Das Wasser zum Kochen bringen, das Reismehl hineingeben und 30 Sek. unter Rühren kochen. Von der Kochstelle nehmen und zugedeckt abkühlen lassen.

Den Backofen auf 170 °C vorheizen. 2 EL Mandeln beiseite stellen, den Rest mit dem abgekühlten Reismehl, 1/2 TL Ingwer, Zucker, Butter und Salz und Pfeffer vermischen. Die Mandelmischung in die Datteln füllen.

Den Fisch mit Salz, Pfeffer und etwas Ingwerpulver einreiben und die Bauchhöhle mit möglichst vielen Datteln füllen. Den Fisch auf einem großen Stück eingeölter Alufolie auf ein Backblech legen und alle verbliebenen Datteln dazusetzen. Die Zwiebel darüberstreuen. Die Folie über dem Fisch zusammennehmen, und die Ränder fest verschließen. Den Fisch für 15 Min. je 500 g in den Backofen schieben. Dann die Temperatur auf die höchste Stufe schalten. Die Folie öffnen. Fisch und Früchte mit den aufbewahrten Mandeln und dem gemahlenen Zimt bestreuen. Auf der obersten Schiene garen, bis der Fisch gebräunt und knusprig ist.

OBEN *Marktstand mit Hülsenfrüchten und Nüssen in Marrakesch, Marokko*

Knusprige Fischchen

HUT MAKALLI

Kleine knusprige Fische sind in Küstenregionen ein beliebter Imbiß, der an Straßenständen angeboten wird. Die schützende Eimasse hält die Fische feucht, und der Weizengrieß bildet einen knusprigen Außenmantel. Mitunter werden winzige Fische verwendet, die sogar noch kleiner sind als Strömlinge, Sardellen, kleine Sardinen, Sprotten oder kleine Seezungen. Gelegentlich wird dieses Gericht mit chermoula *(siehe Seite 126) serviert. In einer großen Pfanne werden die Fische am besten portionsweise gegart.*

FÜR 4 PERSONEN

4 Eier
4 EL gehackte frische glatte Petersilie
1/4 TL gemahlener Kreuzkümmel
1/4 TL Paprikapulver
1 Prise Chilipulver
500 g Sprotten oder Strömlinge, küchenfertig vorbereitet
Salz und Pfeffer
feiner Hartweizengrieß zum Panieren
Olivenöl zum Ausbacken
Zitronenspalten und glatte Petersilie zum Servieren

Eier, Petersilie und alle Gewürze in einer Rührschüssel verquirlen. Die Fische salzen und pfeffern, dann in die Eimasse tauchen. Anschließend dünn, aber gleichmäßig mit Weizengrieß überziehen. Ein zweites Mal in Eimasse und Grieß wälzen.

In einer großen Pfanne etwa 2,5 cm hoch Öl erhitzen. Wenn es sehr heiß ist, die erste Portion Fische hineingeben – sie dürfen sich nicht berühren. Rasch braten, bis sie knusprig und braun sind.

Auf Küchenpapier abtropfen lassen und mit Petersilienstengeln und Zitronenspalten sofort servieren.

Gebratener Fisch

Dies ist ein sehr einfaches, aber schmackhaftes marokkanisches Rezept für Fischsteaks.

FÜR 4 PERSONEN

4 EL feingehackter frischer Koriander
1/2 rote Chilischote, entkernt und feingehackt
3 Knoblauchzehen, feingehackt
1/2 TL gemahlener Kreuzkümmel
1/2 TL schwarzer Pfeffer
Saft von 1 Zitrone
Salz
150 ml Olivenöl
1–2 kg Fisch, in 4 cm dicke Steaks geschnitten
feiner Hartweizengrieß zum Wenden

Koriander, Chilischote, Knoblauch, Gewürze, Zitronensaft, eine Prise Salz und die Hälfte des Öls vermischen. Die Fischsteaks mit der Mischung einreiben und abgedeckt für 1–2 Stunden an einen kühlen Ort stellen.

Die Fischsteaks sorgfältig im Weizengrieß wenden, um sie dünn zu überziehen. Das restliche Öl in einer großen Pfanne erhitzen, und die Steaks portionsweise braten, bis sie auf beiden Seiten goldbraun sind. Sofort servieren.

RECHTS *Knusprige Fischchen*

Gegrillte Sardinen nach Art von La Goulette

Um den Platz der kleinen Stadt La Goulette – ihr Name bedeutet „Engpaß", da sie an der Mündung des Kanals liegt, der Tunis mit dem offenen Meer verbindet – gibt es eine Reihe von Restaurants, die sich auf Fisch spezialisiert haben. Im Sommer stehen bis weit auf den Bürgersteig Tische, und der Geruch von Holzkohle liegt in der Luft.

FÜR 4 PERSONEN

16 frische Sardinen
Limettenscheiben zum Garnieren

MARINADE:

1 Knoblauchzehe
2 TL geröstete Koriandersamen
Salz
1 getrocknete rote Chilischote, entkernt und zerstoßen
abgeriebene Schale und Saft von 1 unbehandelten Limette
4 EL natives Olivenöl

RELISH:

4 Frühlingszwiebeln (nur der weiße Teil), gehackt
Saft von 1 Limette
250 g aromatische Tomaten, abgezogen, entkernt und gehackt
1 sonnengetrocknete Tomatenhälfte, gehackt
1/2 getrocknete rote Chilischote, entkernt und gehackt
3 EL gehackter Koriander

Die Schuppen der Sardinen mit einem Messerrücken entfernen, dabei vom Schwanz zum Kopf arbeiten. Mit einer Schere die Flossen abtrennen und den Bauch aufschneiden. Die Eingeweide herausnehmen und wegwerfen. Die Fische sorgfältig waschen und mit Küchenpapier trockentupfen. Dann in ein flaches Gefäß (nicht aus Metall) legen.

Knoblauch und Koriander mit einer Prise Salz und der Chilischote zerstoßen. Abgeriebene Schale und Saft der Limette dazugeben, dann nach und nach das Öl einarbeiten. Die Mischung über die Sardinen gießen. Die Fische in der Marinade wenden, dann abgedeckt für etwa 1 Std. an einen kühlen Ort stellen, zwischendurch zwei- oder dreimal wenden. Die Zutaten für das Relish in einem Mixer oder einer Küchenmaschine vermischen.

Die Sardinen aus der Marinade nehmen, die Gewürzmischung aufbewahren. Die Sardinen unter dem vorgeheizten Grill auf jeder Seite 2–3 Min. garen, dabei mit Marinade beschöpfen. Mit Limettenscheiben garniert servieren.

Algerische Sardinen mit Zitrone und Koriander

Dieses Rezept stammt von einem Algerier, der in Frankreich lebt.

FÜR 4 PERSONEN

6 EL Olivenöl
3 EL Zitronensaft
2 EL gehackter frischer Koriander
1 große Prise Paprikapulver
1 große Prise gemahlener Kreuzkümmel
Salz und Pfeffer
1 kg küchenfertige frische Sardinen (Vorbereitung siehe oben)

Öl, Zitronensaft, Koriander und Gewürze vermischen. Die Sardinen nebeneinander in ein flaches Gefäß legen, mit der Ölmischung übergießen und für 1 Std. an einen kühlen Ort stellen, zwischendurch zwei- oder dreimal wenden.

Den Grill vorheizen. Die Sardinen auf jeder Seite 2–3 Min. grillen und zwischendurch mit der Zitronenmischung bestreichen. Mit der restlichen Saftmischung übergossen servieren.

LINKS *Gegrillte Sardinen nach Art von La Goulette*

Goldbrasse mit in Öl eingelegten Zitronen

DAURADE AUX CITRONS CONFITS

Die Goldbrasse gilt als der Star unter den Brassen. Falls sie nicht erhältlich ist, kann man für dieses algerische Gericht auch eine Zahnbrasse verwenden.

FÜR 4 PERSONEN

16–20 Scheiben in Öl eingelegte Zitronen (siehe Seite 124)

1 Brasse, vorzugsweise Goldbrasse (etwa 1,5 kg schwer) oder ein anderer Fisch mit festem, weißem Fleisch, küchenfertig vorbereitet

Salz und Pfeffer

1 EL gehackter frischer Koriander

1 EL Paprikapulver

150 ml Öl von den eingelegten Zitronen

Etwa zwölf Zitronenscheiben auf dem Boden einer großen, flachen, ofenfesten Form verteilen. Den Fisch auf jeder Seite mehrmals einschneiden, innen und außen salzen und pfeffern, die Bauchhöhle mit Koriander füllen und die Haut mit Paprika einreiben. Den Fisch auf die Zitronenscheiben legen und mit weiteren Scheiben bedecken.

Das Öl über den Fisch gießen und ihn etwa 5 Min. in dem auf Höchsttemperatur vorgeheizten Backofen garen. Beschöpfen, dann die Hitze auf etwa 180 °C reduzieren und den Fisch noch einmal 40 Min. garen, zwischendurch gelegentlich mit Flüssigkeit begießen.

Tunesische Garnelen vom Grill

Die Zubereitung dieses Gerichtes ruft die Erinnerungen wach an den Abendhimmel in dem verschlafenen tunesischen Fischerdorf Biserta, an die Stimmung der hereinbrechenden Nacht und den verführerischen exotischen Duft von über Holzkohle gegrillten Garnelen.

FÜR 4 PERSONEN

500 g rohe große Garnelen in der Schale
2 Knoblauchzehen, zerdrückt
4 EL Olivenöl
1 TL gemahlener Kreuzkümmel
1/2 TL Ingwerpulver
1 TL Paprikapulver
1/4 TL Cayennepfeffer
Blätter von einem Bund Koriander, feingehackt
Salz
Zitronenspalten zum Servieren

Köpfe und Beine der Garnelen entfernen. Mit der Küchenschere die Garnelen längs halbieren, ohne die Schwänze zu beschädigen. Die Garnelen nebeneinander in ein großes, flaches Gefäß legen.

In einer kleinen Schüssel die restlichen Zutaten mit Ausnahme der Zitronenspalten vermischen, über die Garnelen gießen und diese für 1–2 Stunden an einen kühlen Ort stellen, zwischendurch gelegentlich wenden. Den Grill vorheizen. Die Garnelen 3–4 Min. grillen, bis sie sich rosa färben, während des Garens mit verbliebener Marinade bestreichen. Mit Zitronenspalten servieren.

Fisch im Mandelmantel

HUT BENOUA

Dieses ungewöhnliche, aber köstliche Gericht mit seinem knusprigen, süß-würzigen Mantel stammt aus dem marokkanischen Fischerhafen von Safi.

FÜR 4 PERSONEN

250 g abgezogene Mandeln, geröstet und gemahlen
60 g Puderzucker
1 EL Orangenblütenwasser
1 EL gemahlener Zimt
100 ml Wasser
50 g weiche Butter sowie Butter zum Einfetten
Salz und Pfeffer
1 Seebarsch oder Brasse (etwa 1,75 kg schwer), küchenfertig vorbereitet
1 Zwiebel, feingehackt
eine Prise Safranfäden, zerstoßen

Den Backofen auf 190 °C vorheizen. Mandeln, Puderzucker, Orangenblütenwasser, Zimt, 3 EL Wasser, die Hälfte der Butter sowie Salz und Pfeffer in eine Schüssel geben und zu einer glatten Paste verarbeiten. Den Fisch innen und außen salzen und pfeffern, dann mit der Hälfte der Mandelmischung füllen.

Zwiebel, Safran und restliches Wasser vermischen und in eine große eingefettete ofenfeste Form geben. Den Fisch darauflegen und mit der restlichen Mandelmischung überziehen. Die übrige Butter zerlassen und über die Mandelmischung träufeln.

Die Form für etwa 45 Min. in den Backofen schieben, bis der Fisch gar ist und die Mandelmischung eine Kruste gebildet hat, die innen aber noch weich ist.

Gebeizter Fisch in pikantem Öl gegart

POISSON EN TAJINE MQUALLI

Der Heilbutt in diesem Rezept kann durch Seehecht, Kabeljau oder Meeräsche ersetzt werden.

FÜR 4–6 PERSONEN

1 kg Heilbuttsteaks
175 ml Olivenöl
1 TL Ingwerpulver
1 Prise Safranfäden, zerstoßen
entsteinte schwarze Oliven und Zitronenviertel zum Garnieren

BEIZE:

3 Knoblauchzehen
Salz
1 TL Cayennepfeffer
1 TL gemahlener Koriander
1 TL Kreuzkümmel

Für die Beize (Marinade) den Knoblauch mit einer großen Prise Salz zerdrücken, dann mit den Gewürzen vermischen. Die Steaks mit der Mischung einreiben und nebeneinander in eine schwere ofenfeste Form legen. Für 6 Stunden an einen kühlen Ort stellen. Den Backofen auf 190 °C vorheizen.

Das Öl mit Ingwer und Safran vermischen, über den Fisch gießen und diesen zugedeckt 20–25 Min. im Backofen garen, bis sich das Fleisch leicht zerblättern läßt. Mit Oliven und Zitronenspalten garniert servieren.

RECHTS *Fisch im Mandelmantel*

Kleine Fischbällchen in Tomatensauce

COUIRAT EL HOUT

Fischbällchen sind an der gesamten Küste von Nordafrika ein beliebtes Gericht. Welcher Fisch für sie verwendet wird, hängt vom Angebot ab. Manchmal werden die Bällchen gebraten, manchmal, wie in diesem algerischen Rezept, in einer Sauce gegart.

FÜR 4–6 PERSONEN

2 Scheiben Weißbrot, Kruste entfernt, in etwas Wasser eingeweicht
700 g Filet von festem, weißfleischigem Fisch wie Seehecht, Schellfisch oder Kabeljau, enthäutet und durchgedreht
1 großes Ei, verquirlt
1 Bund Petersilie, gehackt
Salz und Pfeffer

SAUCE:

3 EL Olivenöl
1 Gemüsezwiebel, feingehackt
2 Knoblauchzehen, feingehackt
1/2 rote Paprikaschote, feingehackt
je 1 TL gemahlener Kreuzkümmel und Paprikapulver
eine Prise Cayennepfeffer
3 große aromatische Tomaten, abgezogen, entkernt und gehackt
300 ml Wasser
Salz und Pfeffer
gehackte glatte Petersilie oder Koriander zum Garnieren

Das Brot ausdrücken, in eine große Rührschüssel geben und die anderen Zutaten hinzufügen. Alles sorgfältig vermischen. Mit befeuchteten Händen aus der Masse walnußgroße Bällchen formen.

Für die Sauce das Öl in einer Pfanne erhitzen. Die Zwiebel hinzufügen und weichdünsten. Knoblauch und Paprikaschote dazugeben und 2–3 Min. garen, dann die Gewürze und anschließend Tomaten und Wasser hineinrühren. Den Pfanneninhalt zum Kochen bringen. Den Schaum abschöpfen und die Fischbällchen hineingeben. Etwa 8 Min. sanft köcheln lassen, dabei einmal wenden.

Die Fischbällchen in eine vorgewärmte Servierschüssel heben und warm stellen. Die Sauce sprudelnd kochen lassen, bis sie etwas eingedickt ist. Über die Bällchen gießen und gehackte Petersilie oder Koriander darüberstreuen.

OBEN *Die Küste von M'Diq, Marokko*

Fisch-Tagine mit Chermoula

Von diesem Gericht gibt es viele verschiedene Versionen. Die Zutaten können daher nach Geschmack variiert werden.

FÜR 4 PERSONEN

700 g Meeräschen-, Brassen- oder Seeteufelfilet

MARINADE:

3 EL Olivenöl
3 Knoblauchzehen, zerdrückt
$1^1/_2$ TL gemahlener Kreuzkümmel
1 TL Paprika
1 frische grüne Chilischote, feingehackt
$^1/_2$ Bund frische Korianderblätter, feingehackt
4 EL Zitronensaft
Salz
Zitronenspalten zum Servieren

Den Fisch in ein flaches Gefäß (nicht aus Metall) legen. Die Zutaten für die Marinade in einer kleinen Schüssel vermischen und über den Fisch gießen. Die Filets abgedeckt für 3–4 Stunden an einen kühlen Ort stellen, zwischendurch gelegentlich wenden.

Den Grill vorheizen. Die Filets, je nach Dicke, auf jeder Seite etwa 4 Min. grillen, dabei ab und zu mit der Koriandermischung bestreichen, bis sich das Fleisch mit der Spitze eines scharfen Messers zerblättern läßt. Warm mit Zitronenspalten garniert servieren.

Tagine aus Fisch und Staudensellerie

HUT BIL KARFAS

Hier haben die Selleriestangen die gleiche Funktion wie das Bambusrohr bei der Fisch-Tagine mit Zitronen und Oliven auf Seite 57. Zudem geben sie Fisch und Sauce Aroma.

FÜR 4 PERSONEN

2 Knoblauchzehen
Salz
2 TL Paprikapulver
1 TL gemahlener Kreuzkümmel
1 Prise Safranfäden, geröstet und zerstoßen
1 Prise Cayennepfeffer
$2^1/_2$ EL Olivenöl
1,5 kg Fisch mit festem, weißem Fleisch wie Brasse oder Seebarsch, gesäubert
450 g Staudensellerie
Zitronensaft
$^1/_2$ in Salz eingelegte Zitrone (siehe Seite 125), Fruchtfleisch nach Belieben entfernt, Schale gehackt
350 g aromatische Tomaten, abgezogen, entkernt und gehackt
1 TL gehackte Petersilie

Knoblauch, Salz, Gewürze und Öl im Mörser vermischen. Den Fisch mit der Spitze eines scharfen Messers auf jeder Seite viermal schräg einschneiden. Die Würzmischung in die Bauchhöhle und die Seiten des Fischs reiben, dabei gut in die Einschnitte drücken. Den Fisch auf einen Teller legen und die restliche Würzmischung auf ihm verteilen. Für 1 Std. an einen kühlen Ort stellen, aber nicht in den Kühlschrank. Den Backofen auf 190 °C vorheizen.

Die Selleriestangen längs halbieren, dann in 5 cm lange Stücke schneiden. Nebeneinander in eine große ofenfeste Form legen. Den Fisch daraufsetzen. Die gesamte Würzmischung, die auf dem Teller verblieben ist, auf dem Fisch verteilen und ihn mit Zitronensaft und -schale, Tomaten und Petersilie bedecken. Mit Alufolie abgedeckt für 30 Min. in den Backofen schieben. Dann die Folie abnehmen und den Fisch noch einmal etwa 15 Min. garen.

Streifenbarben mit Paprika-Minze-Sauce

ROUGET AU POIVRE ROUGE

Minze verleiht dieser mit roter Paprikaschote zubereiteten Sauce, die über die hübschen und köstlichen kleinen Fische gegossen wird, einen ungewöhnlichen Geschmack.

FÜR 4 PERSONEN

- *4 Streifenbarben (jeweils gut 200 g schwer), küchenfertig vorbereitet*
- *Salz und Pfeffer*
- *1½–2 EL Olivenöl*
- *1 Zwiebel, feingehackt*
- *2 Knoblauchzehen, gehackt*
- *1 kleine rote Paprikaschote, gegrillt und, falls gewünscht, abgezogen, dann entkernt und kleingeschnitten*
- *eine Prise Cayennepfeffer*
- *1 kleiner Thymianzweig*
- *3–5 Minzeblätter*
- *2–3 EL Zitronensaft*

Die Fische salzen und pfeffern und im Olivenöl auf jeder Seite 4–5 Min. braten, bis sich das Fleisch leicht zerblättern läßt. Auf Küchenpapier abtropfen lassen, dann auf einen vorgewärmten Teller heben und warm halten. Zwiebel, Knoblauch und Paprika in die Pfanne geben und sanft braten, bis die Zwiebel weich wird und Farbe annimmt. Cayennepfeffer, Thymian, Minze, Zitronensaft und Salz hineinrühren und die Sauce kochen lassen, bis sie etwas eingedickt ist. Den Thymian entfernen und die Sauce über den Fisch gießen. Sofort servieren.

Fisch-Tagine mit Zitronen und Oliven

HUT BIL ZEETOON

Für die traditionelle Zubereitung dieser tagine *legt man ein Gitter aus Bambusrohr auf den Boden des Kochgefäßes, um zu verhindern, daß der Fisch ansetzt. Wird das Gericht im Ofen gegart, kann man auf den Bambus verzichten.*

FÜR 4 PERSONEN

- *1 Portion* chermoula 2 *(siehe Seite 126)*
- *1 Fisch mit festem, weißem Fleisch (etwa 1,5 kg schwer), küchenfertig vorbereitet*
- *350 g grüne Oliven, zerdrückt*
- *2 Limetten, geschält und in Scheiben geschnitten*
- *3 EL Olivenöl (nach Belieben)*
- *etwas Wasser*
- *3 EL Limettensaft (nach Belieben)*

Die Hälfte der *chermoula* in die Haut und die Bauchhöhle des Fisches reiben und ihn für 1 Std. an einen kühlen Ort stellen.

Die Oliven blanchieren, dabei dreimal das Wasser wechseln. Dann gut abtropfen lassen und mit der restlichen *chermoula* vermischen. Den Backofen auf 200 °C vorheizen.

Falls gewünscht, ein Bambusrohr-Gitter auf den Boden einer großen ofenfesten Form legen oder die Form einölen. Den Fisch hineinlegen und erst mit den Limettenscheiben, dann mit den Oliven bedecken. Olivenöl, sofern verwendet, sowie etwas Wasser um den Fisch gießen. Die Form mit Alufolie abdecken und für etwa 35 Min. in den Backofen schieben. Dann unbedeckt noch einmal 10–15 Min. garen. Nach Geschmack mit Limettensaft beträufeln. Den Fisch mit der Garflüssigkeit begießen und servieren.

LINKS *Streifenbarben mit Paprika-Minze-Sauce*

Fisch-Tagine mit Paprikaschoten, Kartoffeln und Tomaten

HUT TUNGERA

Hut tungera *ist ein schmackhaftes, gehaltvolles Fischgericht.*

FÜR 4 PERSONEN

1 Portion chermoula *1 oder 2 (siehe Seite 126)*
4 Fischsteaks (insgesamt 1 kg schwer)
2 Kartoffeln, in dünne Scheiben geschnitten
3 Tomaten, in Scheiben geschnitten
2 rote Paprikaschoten, in Scheiben geschnitten
1 EL Tomatenmark
1 Knoblauchzehe, gehackt
4 EL Zitronensaft
4 EL Olivenöl
5 EL Wasser

Etwas *chermoula* in den Fisch geben und diesen für 1 Std. an einen kühlen Ort stellen, jedoch nicht in den Kühlschrank. Den Backofen auf 190 °C vorheizen.

Falls gewünscht, ein Bambusgitter auf den Boden einer ofenfesten Form legen oder die Form mit Öl einfetten. Den Fisch in die Form legen und mit den Kartoffeln bedecken. Mit etwas *chermoula* bestreichen, dann Tomaten und Paprika darauf verteilen.

Die restliche *chermoula* mit Tomatenmark, Knoblauch, Zitronensaft, Öl und Wasser vermischen und über den Fisch gießen. Die Form mit Alufolie abdecken und für 25 Min. in den Backofen schieben. Dann unbedeckt noch einmal 10–15 Min. garen. Etwas abkühlen lassen, aber warm servieren.

Fisch mit eingelegten Zitronen, Eiern und Zwiebeln

Die vielleicht etwas ungewöhnliche Fischfüllung aus würzigen Eiern ist für Marokko typisch und überraschend schmackhaft.

FÜR 4 PERSONEN

300 g rote Zwiebeln, feingehackt
5 EL Öl
50 g Butter
2 Eier
2 EL gehackter frischer Koriander
eine Prise Safranfäden, geröstet und zerstoßen
1 in Salz eingelegte Zitrone (siehe Seite 125), Fruchtfleisch entfernt, die Schale in dünne Scheiben geschnitten
Salz und Pfeffer
1 kg weißfleischige Fischfilets
gehackte frische Petersilie zum Garnieren

Den Backofen auf 190 °C vorheizen. Die Zwiebeln in 2 EL Öl in einer Pfanne dünsten, bis sie weich und glasig sind. In der Zwischenzeit in einer zweiten Pfanne die Hälfte der Butter zerlassen und die Eier braten, bis sie beinahe fest sind, dann wie Rührei durchrühren und vollkommen stocken lassen.

Eier, Koriander, Safran, Zitronenschale sowie Salz und Pfeffer unter die Zwiebeln rühren.

Die Hälfte der Fischfilets mit der Haut nach unten in eine große ofenfeste Form legen, salzen und pfeffern und mit der Hälfte der Zwiebelmischung bedecken. Die restlichen Fischfilets mit der Haut nach oben darauflegen und mit der übrigen Zwiebelmischung bestreichen. 3 EL Öl darübergießen und die restliche Butter in Flöckchen daraufsetzen. Die Form für etwa 35 Min. in den Backofen schieben, dann das Gericht unter dem heißen Grill bräunen. Mit Petersilie bestreut servieren.

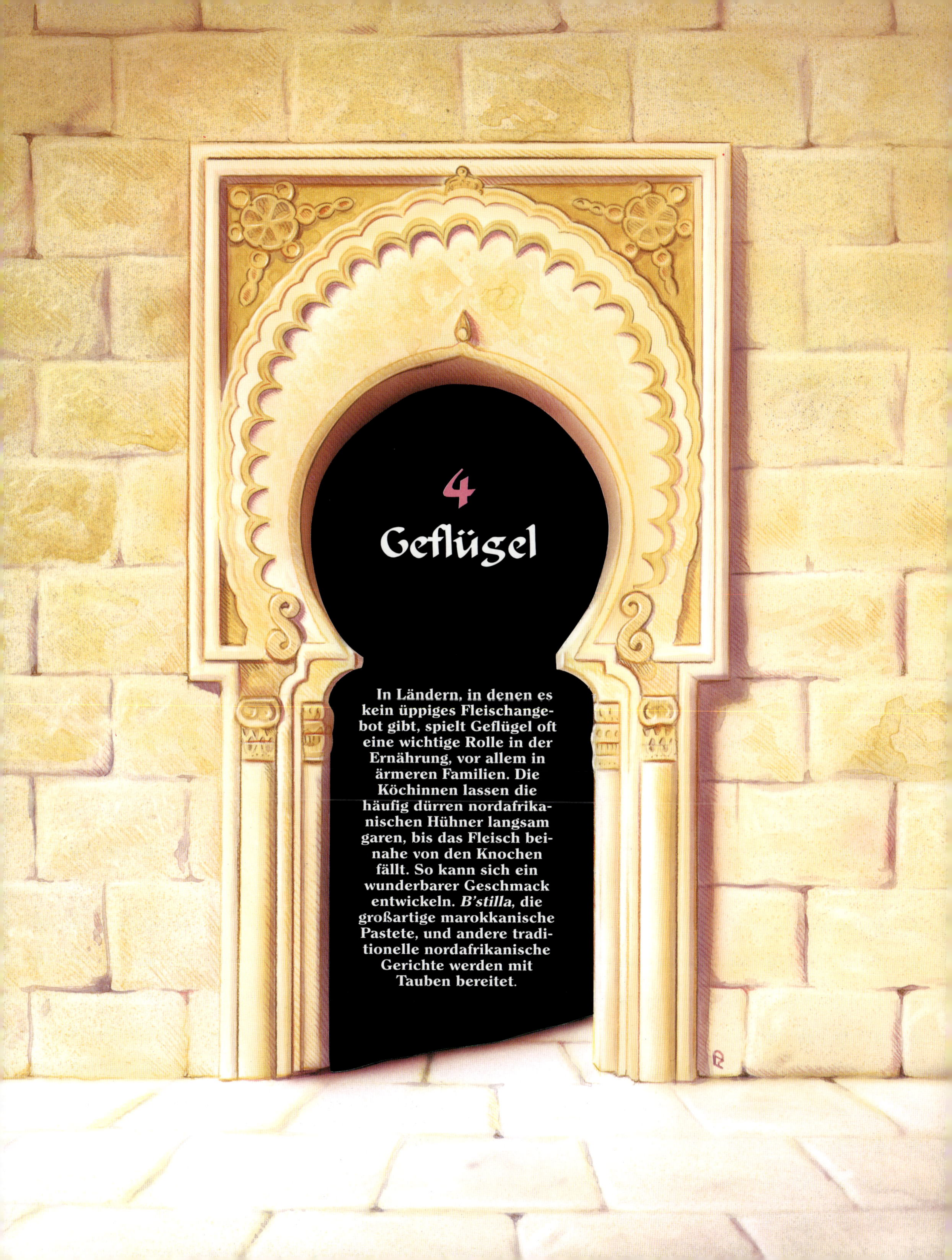

4

Geflügel

In Ländern, in denen es kein üppiges Fleischangebot gibt, spielt Geflügel oft eine wichtige Rolle in der Ernährung, vor allem in ärmeren Familien. Die Köchinnen lassen die häufig dürren nordafrikanischen Hühner langsam garen, bis das Fleisch beinahe von den Knochen fällt. So kann sich ein wunderbarer Geschmack entwickeln. *B'stilla,* die großartige marokkanische Pastete, und andere traditionelle nordafrikanische Gerichte werden mit Tauben bereitet.

Hühner-Tagine mit Oliven und eingelegten Zitronen

DJEJ EMSHMEL / DJEJ MQUALLI

Für dieses Rezept sollten keine frischen Zitronen verwendet werden, denn sonst entsteht ein vollkommen anderes Gericht. Rosa-braune marokkanische Oliven ergänzen das milde Aroma der eingelegten Zitronen wunderbar.

FÜR 4 PERSONEN

2–3 EL Olivenöl
1 Gemüsezwiebel, feingehackt
3 Knoblauchzehen
Salz und Pfeffer
3/4 TL Ingwerpulver
1 1/2 TL gemahlener Zimt
eine große Prise Safranfäden, geröstet und zerstoßen
1 Huhn (etwa 1,6 kg schwer)
700 ml Hühnerbrühe oder Wasser
125 g rosa-braune marokkanische Oliven, gewaschen (oder griechische Kalamata-Oliven)
1 in Salz eingelegte Zitrone (siehe Seite 125), Fruchtfleisch falls gewünscht entfernt, Schale gewaschen und gehackt
1 großes Bund Koriander, feingehackt
1 großes Bund Petersilie, feingehackt

LINKS *Hühner-Tagine mit Oliven und eingelegten Zitronen*

Das Öl in einem Topf erhitzen und die Zwiebel darin goldbraun braten. In der Zwischenzeit den Knoblauch mit einer Prise Salz im Mörser zerstoßen, dann Ingwer, Zimt, Safran und ein wenig Pfeffer untermischen. Die Mischung unter die Zwiebel rühren und garen, bis sie zu duften beginnt, dann auf das Huhn streichen.

Das Huhn in einen schweren Topf oder Schmortopf legen, in dem es gerade Platz hat. Brühe oder Wasser dazugeben und erhitzen, bis sie gerade köchelt. Das Huhn zugedeckt etwa 1 1/4 Stunden ganz sanft köcheln lassen, dabei zwei- oder dreimal wenden.

Oliven, Zitronenschale und Kräuter hinzufügen, den Deckel wieder auflegen und den Topfinhalt noch einmal etwa 15 Min. köcheln lassen, bis das Huhn sehr weich ist. Die Sauce abschmecken – falls der Geschmack noch intensiver werden soll, das Huhn in eine vorgewärmte flache Schüssel geben, abdecken und warm stellen. Die Garflussigkeit zu einer kräftigen Sauce einkochen lassen. Falls gewünscht, den Topf kippen und überflüssiges Fett abschöpfen, dann die Sauce über das Huhn gießen.

Huhn mit Trauben

DJEJ BIL EINAB

Für die marokkanische Küche ist es untypisch, frischen Ingwer auszupressen, aber der Ingwersaft verleiht diesem Rezept eine frische Note.

FÜR 4 PERSONEN

1 Stück frischer Ingwer (4 cm groß)
1 TL gemahlener Zimt
4 Hühnerteile
2 EL Butter
1 EL Olivenöl
250 g kernlose grüne Trauben, halbiert

Den Ingwer durch eine Knoblauchpresse drücken und den Saft mit dem Zimt vermischen. Das Huhn mit der Mischung einreiben und für 2 Stunden an einen kalten Ort stellen. Butter und Öl in einer Pfanne erhitzen und die Hühnerteile darin braten, bis sie gleichmäßig gebräunt sind. Die Trauben dazugeben und den Pfanneninhalt zugedeckt sanft garen, bis das Huhn weich ist – zwischendurch gelegentlich wenden.

Huhn mit Couscous-Füllung und pikanter Honigsauce

DJEJ M'AHMAR

Dieses Huhn mit seiner Mandel-Couscous-Füllung und pikanten Honigsauce zergeht auf der Zunge und wird in Marokko zu festlichen Anlässen serviert. Obwohl die Sauce bereits Honig enthält, wird im traditionellen Rezept auch die Füllung großzügig gezuckert. Falls Sie eine gesüßte Füllmasse verwenden möchten, sollten Sie zunächst 1–1½ EL Zucker dazugeben und dann abschmecken. Füllmasse, die nicht in das Huhn paßt, kann am Ende der Garzeit in dem oberen Teil einer Couscousière oder einem auf den Topf gesetzten Durchschlag erhitzt werden.

FÜR 4 PERSONEN

1 großes Huhn
3 EL Öl
1½ Gemüsezwiebeln, feingehackt
2 Knoblauchzehen, gehackt
2 TL gemahlener Zimt
½ TL zerstoßene Safranfäden
¼–½ TL Ingwerpulver
Salz
etwa ½ l Wasser
etwa 2 EL flüssiger Honig

FÜLLUNG:

etwa ½ l Wasser
350 g vorgegartes couscous (siehe Seite 11)
3 EL Rosinen
75 g abgezogene Mandeln, geröstet und gehackt
1½ EL Orangenblütenwasser
2 EL Öl
1 TL Zimt
1 Prise gemahlene Nelken
1 Prise frisch geriebene Muskatnuß
Salz und Pfeffer

Für die Füllung das Wasser über den *couscous* geben und diesen 5 Min. stehenlassen, bis er das Wasser aufgenommen hat, zwischendurch ab und zu durchrühren. Die restlichen Zutaten untermischen.

Das Huhn mit einem Teil der Mischung locker füllen. Die Haut am Hals umschlagen und mit Garn oder einem Spieß verschließen. Die Bauchöffnung zunähen. Das Öl in einem Topf, in dem das Huhn gerade Platz hat, erhitzen und die Zwiebeln darin dünsten, bis sie weich sind. Knoblauch, Gewürze und Salz hineinrühren und das Huhn in den Topf legen. Das Wasser zugießen und mit aufgelegtem Deckel zum Kochen bringen. Das Huhn etwa 30 Min. pochieren, dann den Honig dazugeben. Das Huhn noch einmal 45–60 Min. garen, bis es sehr weich ist.

Das Huhn auf eine vorgewärmte Servierplatte heben. Die Sauce abschmecken und gegebenenfalls einkochen, um das Aroma zu intensivieren. Noch vorhandene Füllmasse erhitzen und um das Huhn verteilen, die Sauce über Huhn und Füllung gießen.

Huhn mit Kichererbsen, Zitrone und Petersilie

SFERIA

Bei diesem algerischen Gericht wird die Sauce mit geriebener Zwiebel, Petersilie und Koriander angedickt und mit Safran und Zitronensaft aromatisiert.

FÜR 4 PERSONEN

2 Knoblauchzehen, zerdrückt
Salz und Pfeffer
½ TL Ingwerpulver
1 Prise Safranfäden
70 g weiche Butter
1 Huhn (etwa 1,5 kg schwer)
je ½ kleines Bund Petersilie und Koriander, feingehackt
100 g Frühlingszwiebeln (nur weiße Teile), gehackt
1 Zimtstange
200 g Kichererbsen, über Nacht eingeweicht
1 kleine Gemüsezwiebel, feingehackt
Zitronensaft

Den Knoblauch mit einer Prise Salz zerdrücken, dann in einer kleinen Schüssel mit Ingwer, Pfeffer und Safran vermischen. Die Hälfte der Butter einarbeiten, das Huhn mit der Mischung bestreichen und in einer großen Schüssel abgedeckt über Nacht an einen kühlen Ort stellen.

Das Huhn und in der Schüssel vorhandene Flüssigkeit in einen Topf geben, in dem das Huhn gerade Platz hat. Die Hälfte der Kräuter sowie Frühlingszwiebeln, Zimtstange und Kichererbsen hinzufügen und gerade mit Wasser bedecken. Zum Köcheln bringen und dann etwa 1¼–1½ Stunden garen, bis das Huhn weich ist, zwischendurch mehrmals wenden.

In der Zwischenzeit die restliche Butter in einem kleinen Topf zerlassen. Die Gemüsezwiebel dazugeben und weichdünsten, aber nicht bräunen. Das Huhn aus dem Topf nehmen, die Flüssigkeit aus der Bauchhöhle in den Topf abfließen lassen und das Huhn warm halten.

Die Zwiebel und fast die gesamten verbliebenen Kräuter zu der Garflüssigkeit geben und köcheln lassen, bis sie zu einer Sauce eingekocht ist. Zitronensaft nach Geschmack hinzufügen, die Zimtstange wegwerfen.

Das Huhn zerlegen und in einer vorgewärmten Servierschüssel anrichten. Die Sauce darübergießen und restliche Petersilie und Koriander darüberstreuen.

Hühner-Tagine mit Tomaten

DJEJ MATISHA MESLA

Duftender Honig, der zum Schluß hinzugefügt wird, verleiht diesem Gericht seinen typischen Geschmack. Je nach Qualität der Tomaten kann man noch etwas Zitronensaft dazugeben, um das Aroma zu heben.

FÜR 4 PERSONEN

1 Huhn (etwa 1,6 kg schwer), zerlegt
1,5 kg aromatische Tomaten, abgezogen und in kleine Stücke geschnitten
1 Gemüsezwiebel, geraspelt
1 Knoblauchzehe, zerdrückt
1 Prise zerstoßene Safranfäden
2 TL gemahlener Zimt
1/4 TL Ingwerpulver
40 g Butter oder Öl
Salz und Pfeffer
2 EL Honig
geröstete abgezogene Mandeln und Sesam zum Garnieren

Alle Zutaten mit Ausnahme von Honig und Garnierung in einen großen, schweren Schmortopf geben. Erhitzen, so daß sie gerade köcheln, dann das Huhn zugedeckt etwa 1 Std. sanft garen, bis es sehr weich ist.

Das Huhn herausnehmen und warm halten. Die Garflüssigkeit unter häufigem Rühren stark einkochen, bis sie an den Rändern zu karamelisieren beginnt. Bei niedriger Temperatur den Honig hineinrühren, dann das Huhn wieder in den Topf legen und wenden, um es mit Sauce zu überziehen. Mit Mandeln und Sesam bestreut servieren.

Huhn mit duftender Sauce

DJEJ MAHAMMER

Von diesem marokkanischen Gericht gibt es mehrere Versionen. Dieses Rezept stammt aus Rabat. Das Huhn wird zunächst mit reichlich Zwiebeln und Gewürzen geschmort und dann in Butter gebräunt. Die Garflüssigkeit wird zu einer Sauce reduziert und zum Huhn gereicht.

FÜR 6 PERSONEN

2 Hühner (jeweils etwa 1,4 kg schwer)
2 Gemüsezwiebeln, feingehackt
2 Knoblauchzehen, feingehackt
1 Prise zerstoßene Safranfäden
knapp 1/2 TL Ingwerpulver
1/2 TL frisch gemahlener schwarzer Pfeffer
Salz
300 ml Wasser
100 ml Olivenöl
100 g Butter

Das Huhn mit den restlichen Zutaten, ausgenommen Öl und Butter, in einen großen Topf geben. Zugedeckt gerade zum Köcheln bringen, den Schaum abschöpfen und den Topfinhalt 1–1 1/4 Std. ganz sanft köcheln lassen, dabei das Huhn gelegentlich wenden und nötigenfalls noch ein wenig heißes Wasser hinzufügen. Das Huhn aus dem Topf nehmen und die Flüssigkeit aus der Bauchhöhle ablaufen lassen.

Öl und Butter in einer großen Bratpfanne erhitzen und das Huhn darin goldbraun braten. In der Zwischenzeit die Flüssigkeit im Topf zu einer Sauce einkochen lassen und zum Huhn reichen.

Täubchen mit Orangen

Taubenschläge sind in Nordafrika ein vertrauter Anblick. Die Vögel sind klein und zart und entsprechen eher unseren Haustauben als wilden Tauben.

FÜR 6 PERSONEN

- *3 EL Olivenöl*
- *6 junge Tauben*
- *250 g Perlzwiebeln, abgezogen*
- *1 Zimtstange*
- *1 Lorbeerblatt*
- *3/4–1 TL geriebene frische Ingwerwurzel*
- *1 große Prise Safranfäden, geröstet und zerstoßen*
- *850 ml Hühnerbrühe*
- *Salz und Pfeffer*
- *2 EL flüssiger Honig*
- *2 Orangen, geschält und in dicke Scheiben geschnitten*
- *leicht geröstete Mandelhälften zum Garnieren*

LINKS *Täubchen mit Orangen*

Das Öl in einem großen Schmortopf erhitzen und die Tauben portionsweise darin anbraten. Mit einem Schaumlöffel in eine Schüssel heben. Die Zwiebeln in den Topf geben und goldbraun braten.

Zimtstange, Lorbeerblatt, Ingwerwurzel, Safranfäden, Brühe sowie Salz und Pfeffer hineinrühren und zum Kochen bringen. Die Tauben mit der gesamten Flüssigkeit, die sich in der Schüssel befindet, wieder in den Topf geben und zugedeckt, je nach Alter, etwa 1 Std. sanft garen, bis sie weich werden, zwischendurch gelegentlich wenden.

Den Honig hinzufügen und den Topfinhalt zugedeckt noch einmal 30–45 Min. garen, bis die Tauben sehr weich sind. Mit einem Schaumlöffel auf einen großen vorgewärmten Servierteller heben, abdecken und warm halten.

Die Garflüssigkeit so lange kochen, bis sie etwas eingedickt ist, gegen Ende die Orangenscheiben dazugeben. Zimtstange und Lorbeerblatt, falls gewünscht, wegwerfen. Die Sauce über die Tauben gießen und die Mandeln darüberstreuen.

Kdra vom Huhn mit Mandeln

DJEJ BIL LOOZ

Kdra *ist eine besondere Form der* tagine. *Die Mandeln werden durch das langsame Köcheln wunderbar weich, und der am Ende der Garzeit hinzugefügte Zitronensaft macht das Gericht leichter.*

FÜR 4 PERSONEN

- *1 Huhn (etwa 1,6 kg schwer), zerlegt*
- *1 Gemüsezwiebel, in dünne Scheiben geschnitten*
- *120 g abgezogene Mandeln*
- *1/2 TL gemahlener Zimt*
- *1 Prise zerstoßene Safranfäden*
- *1/2 TL Ingwerpulver*
- *50 g Butter*
- *Salz und Pfeffer*
- *1 großes Bund Petersilie, feingehackt*
- *1 Spritzer Zitronensaft*

Alle Zutaten mit Ausnahme von Petersilie und Zitronensaft in einen Topf geben. Gerade mit Wasser bedecken und zum Köcheln bringen, dann zugedeckt etwa 1 Std. behutsam garen, bis das Hühnerfleisch so weich ist, daß es beinahe von den Knochen fällt.

Das Huhn auf eine vorgewärmte Servierplatte geben und warm halten. Die Garflüssigkeit zu einer Sauce einkochen, kurz vor Ende Petersilie und Zitronensaft nach Geschmack hinzufügen.

Huhn mit Backpflaumen, Honig und Zimt

DJAL BIL BARGOUG WA ASSEL

In diesem marokkanischen Rezept wird das Huhn mit Zimt gegart, die Backpflaumen kocht man getrennt und vermischt sie dann mit der Garflüssigkeit zu einer Sauce.

FÜR 4 PERSONEN

2 EL Olivenöl
4 Hühnerteile
1 kleines Stück Zimtstange
3 aromatische Tomaten, abgezogen und in kleine Stücke geschnitten
450 ml Hühnerbrühe
Salz und Pfeffer
125 g Backpflaumen
1 TL flüssiger Honig
1 EL geriebene frische Ingwerwurzel
50 g Rosinen
1 Prise zerstoßene Safranfäden
150 ml Wasser
gerösteter Sesam zum Garnieren

Das Öl in einem Topf erhitzen und die Hühnerteile darin bräunen. Zimtstange, Tomaten, Brühe sowie Salz und Pfeffer dazugeben. Den Topfinhalt erhitzen, bis er gerade kocht, dann zugedeckt etwa 45 Min. behutsam köcheln lassen, gegen Ende der Garzeit den Deckel abnehmen.

In der Zwischenzeit die Pflaumen mit Honig, Ingwer, Rosinen und Safran etwa 15 Min. im Wasser garen, bis sie weich sind. Die Hühnerteile in eine vorgewärmte Servierschüssel heben und warm stellen.

Die Garflüssigkeit auf 150 ml einkochen. Die Pflaumenmischung hinzufügen und beides etwa 1 Min. erhitzen. Über die Hühnerteile gießen und den gerösteten Sesam darüberstreuen.

Huhn mit Trockenfrüchte-Füllung

Dieses Berbergericht ist ein gutes Beispiel für die Vorliebe der Nordafrikaner, Fleisch und Früchte zu kombinieren. Sowohl Hals als auch Bauchhöhle des Huhns werden locker gefüllt. Übriggebliebene Füllung wird erhitzt und mit couscous serviert.

FÜR 4 PERSONEN

5 EL Olivenöl
1 Zwiebel, gehackt
25 g Pinienkerne oder Mandeln, gehackt
250 g gemischte Trockenfrüchte (Aprikosen, Äpfel, Birnen, Pflaumen, Rosinen), eingeweicht, abgetropft und gehackt
Salz und Pfeffer
1 Huhn (1,5 kg schwer)

Den Backofen auf 150–175 °C vorheizen. 2 EL Öl in einem Topf erhitzen und die Zwiebel darin goldbraun braten. Die Pinienkerne oder Mandeln dazugeben und 2–3 Min. braten, dann die Trockenfrüchte sowie Salz und Pfeffer untermischen. Abkühlen lassen.

Das Huhn mit der Früchtemischung füllen und dressieren. In einem großen, schweren Schmortopf im restlichen Öl bräunen. Salzen und pfeffern. Das Huhn $1^1/_2$ Stunden zugedeckt im Backofen garen, dabei im Abstand von je 30 Min. so wenden, daß sich während der letzten 30 Min. die Brust oben befindet.

RECHTS *Huhn mit Backpflaumen, Honig und Zimt*

Marokkanische Pastete aus Taube (oder Huhn)

B'STILLA

B'stilla *ist eines der bekanntesten Gerichte Nordafrikas. Es wird handwarm als Vorspeise serviert. Zum Essen drückt man Daumen sowie Zeige- und Mittelfinger der rechten Hand durch die Kruste und bricht ein Stück in der gewünschten Größe ab.*
In Marokko wird die Teighülle aus papierdünner warka *bereitet, andernorts nimmt man ersatzweise am besten Phyllo-Teig, der allerdings nicht so fein und knusprig ist. Traditionell werden ganze Hühnerteile verwendet, doch die Pastete läßt sich leichter essen, wenn die Knochen nach dem Garen entfernt wurden. Dieses Rezept aus Fes ist eine recht einfache Version.*

FÜR 8 PERSONEN

2 junge Täubchen oder 1 mittelgroßes Huhn, zerlegt
2 Gemüsezwiebeln, geraspelt
1/2 TL Ingwerpulver
1/2 TL zerstoßene Safranfäden
2 1/2 TL gemahlener Zimt
Öl
Salz und Pfeffer
2 Bund Koriander, gehackt
2 Bund Petersilie, gehackt
8 kleine Eier, verquirlt
10 Blätter Phyllo-Teig
125 g abgezogene Mandeln, grobgehackt und geröstet
2 TL Zimt
Puderzucker (nach Belieben)
gemahlener Zimt und Puderzucker zum Bestreuen

Die Geflügelteile mit Zwiebeln, Ingwer, Safran, 1/2 TL Zimt, 3 EL Öl sowie Salz und Pfeffer in einen großen Topf geben. Nur wenig Wasser hinzufügen, so daß das Fleisch nicht kocht, sondern schmort. Zugedeckt sanft garen, dabei gelegentlich wenden, bis es weich ist.

Das Geflügel aus dem Topf nehmen und etwas abkühlen lassen, dann enthäuten und auf Wunsch auch entbeinen. Koriander und Petersilie in den Topf geben und die Garflüssigkeit zu einer dicken Sauce einkochen lassen. Bei sehr schwacher Hitze die Eier hineinrühren und so lange rühren, bis sie stocken. Von der Kochstelle nehmen.

Den Backofen auf 190 °C vorheizen. Eine metallene Backform mit etwa 30 cm Durchmesser und 5 cm Höhe sorgfältig einfetten. Ein Teigblatt hineinlegen und in die Form drücken. Ränder über die Seiten hängen lassen. Den Teig mit Öl bestreichen. Auf diese Weise vier weitere Blätter hinzufügen, so daß die Form vollkommen ausgelegt ist.

Erst das Geflügelfleisch, dann die Eimischung daraufgeben. Mit einem kleinen Stück Teig bedecken und mit den Mandeln bestreuen. Zimt und, falls gewünscht, etwas Puderzucker daraufgeben. Die Teigränder darüberfalten, dann die verbliebenen Teigblätter darauflegen, dabei jedes mit Öl bestreichen. Die Ränder in die Form stecken. Die Pastete etwa 45 Min. backen, bis der Teig braun und knusprig ist. Puderzucker darübersieben und mit einem Gittermuster aus Zimt verzieren. Heiß servieren.

5

Fleisch

In Nordafrika wird mit Abstand am häufigsten Lamm gegessen. Schweinefleisch verbietet der Koran, und Ziegen werden eher wegen der Milch als wegen des Fleischs gehalten. Mitunter brät man ganze kleine Lämmer wie für das Berbergericht *mechoui,* das früher bei Festlichkeiten in der Wüste zubereitet wurde, heute aber auch in den Städten zu finden ist. Lammfleischwürfel, die häufig zuerst in *chermoula* gebeizt werden, steckt man auf Spieße und grillt sie über Holzkohlenglut. Am verbreitetsten sind jedoch die gehaltvollen Lammgerichte, die in einer *tagine* ganz langsam geschmort werden.

Lamm-Tagine mit Fenchel

TAGINE EL LAHM BESBAS

Die Aromen von Fenchel, Zitrone und Lammfleisch ergänzen sich ausgezeichnet. In Marokko wird mitunter wilder Fenchel verwendet, doch mit Gemüsefenchel schmeckt dieses Gericht ebenso gut.

FÜR 4–6 PERSONEN

- *1 kg magere Lammschulter, in 3 cm große Würfel geschnitten*
- *1 Zwiebel, geraspelt*
- *2 Knoblauchzehen, zerdrückt*
- *2 EL gehackter frischer Koriander*
- *1 Prise zerstoßene Safranfäden*
- *3/4 TL Ingwerpulver*
- *1/2 TL frisch gemahlener schwarzer Pfeffer*
- *250 ml Wasser*
- *3 Fenchelknollen, in dicke Scheiben geschnitten*
- *2 EL Zitronensaft*
- *Salz*
- *1 in Salz eingelegte Zitrone (siehe Seite 125), geviertelt und gewaschen, Fruchtfleisch nach Belieben entfernt*
- *75 g Kalamata-Oliven*

Lammfleisch, Zwiebel, Knoblauch, Koriander und Gewürze in einem schweren Schmortopf vermischen. Das Wasser darübergießen und gerade zum Köcheln bringen, dann die Zutaten zugedeckt etwa 1 1/4 Stunden behutsam köcheln lassen, bis das Fleisch fast weich ist.

Fenchel, Zitronensaft und Salz hinzufügen und den Topfinhalt zugedeckt noch einmal etwa 20 Min. garen, bis Fleisch und Fenchel weich sind. Beides in einer vorgewärmten Schüssel anrichten, mit eingelegten Zitronen und Oliven bestreuen und warm stellen.

Die Garflüssigkeit gegebenenfalls einkochen. Über Fleisch und Fenchel gießen, dann servieren.

Lamm-Tagine mit Kastanien und Kichererbsen

MARQUIT QUASTAL

Dieser wundervoll duftende Eintopf wird in Tunesien oft mit getrockneten Kastanien zubereitet. Mit frischen Kastanien wird das Aroma jedoch noch intensiver.

FÜR 4 PERSONEN

- *3 EL Olivenöl*
- *1 Zwiebel, gehackt*
- *2 Stangen Staudensellerie, gehackt*
- *2 Knoblauchzehen, zerdrückt*
- *500 g mageres Lammfleisch, gewürfelt*
- *120 g Kichererbsen, über Nacht eingeweicht und abgetropft*
- *1 TL gemahlener Zimt*
- *schwarzer Pfeffer*
- *500 g Kastanien, geschält*
- *2 EL Rosinen*
- *Salz*

Das Öl in einem schweren Schmortopf erhitzen, dann Zwiebel, Staudensellerie und Knoblauch hinzufügen und weichdünsten. Das Lammfleisch dazugeben und gleichmäßig bräunen, dann die Kichererbsen hinzufügen. Mit Wasser bedecken, zum Kochen bringen und abschäumen. Zimt und schwarzen Pfeffer großzügig dazugeben, jedoch kein Salz. Zugedeckt 1 1/4–1 1/2 Stunden sanft garen, bis Fleisch und Kichererbsen fast weich sind.

Kastanien, Rosinen und Salz in den Topf geben und die Zutaten noch einmal 15–20 Min. garen, bis alle weich sind.

RECHTS *Lamm-Tagine mit Fenchel*

Marokkanischer Lammtopf mit Aprikosen

SIKBADJ

Tunesische Trockenaprikosen sind dunkler, fester und saurer als die bei uns zumeist angebotenen. Am ähnlichsten sind ihnen die in Bioläden erhältlichen Trockenaprikosen.
Mitunter werden für dieses Rezept auch Auberginen verwendet, als Beilage eignet sich Safranreis gut.

FÜR 4 PERSONEN

700 g mageres Lammfleisch, gewürfelt
2 Knoblauchzehen, zerdrückt
5 EL Orangensaft
4 EL Olivenöl
1 EL gehackter frischer Koriander
1 EL gehackte frische Minze
1 TL gemahlener Kreuzkümmel
1 Prise frisch geriebene Muskatnuß
1 Zwiebel, in dünne Scheiben geschnitten
150 g Trockenaprikosen, gerade mit Wasser bedeckt über Nacht eingeweicht
50 g entsteinte getrocknete Datteln, grobgehackt
500 ml Brühe
Salz und Pfeffer
2 EL Sesam zum Garnieren

Das Lammfleisch mit Knoblauch, Orangensaft, 2 EL Olivenöl sowie Kräutern und Gewürzen in einer großen Schüssel (nicht aus Metall) vermischen. Abdecken und über Nacht in den Kühlschrank stellen, zwischendurch gelegentlich umrühren.

Das restliche Öl in einem Schmortopf erhitzen, dann die Zwiebel hinzufügen und 5 Min. dünsten. Herausnehmen und beiseite stellen.

Das Fleisch abtropfen lassen, die Marinade aufbewahren. Das Fleisch im Schmortopf rasch bräunen, dann die beiseite gestellte Marinade, Zwiebel, Aprikosen mit Weichwasser, Datteln, Brühe sowie Salz und Pfeffer dazugeben. Die Zutaten gerade zum Kochen bringen und zugedeckt etwa 1 Std. sanft garen, bis das Fleisch sehr weich ist. Gegen Ende der Garzeit den Deckel abnehmen, damit ein Teil der Flüssigkeit verdampfen kann und die Sauce eindickt. Mit Sesam bestreut servieren.

Lamm-Tagine mit Backpflaumen

TAGINE BARROGOG BIS BASELA

Als die andalusischen Mauren nach der Rückeroberung Spanien verließen und sich in Fes und Tetouan ansiedelten, erlebte die Küche im nördlichen Marokko eine Renaissance. Dieses Rezept ist typisch für die festlichen Fleischgerichte mit Obst aus jener Zeit. Die Süße des Honigs und der Backpflaumen findet in den Gewürzen und der großzügigen Menge Pfeffer ein Gegengewicht.

FÜR 6–8 PERSONEN

3 EL Olivenöl
1 große Zwiebel, geraspelt
2 Knoblauchzehen, gehackt
900 g mageres Lammfleisch, in große Stücke geschnitten
1 kleines Bund Petersilie, feingehackt
2 TL frisch gemahlener schwarzer Pfeffer
1 TL Ingwerpulver
½ TL zerstoßene Safranfäden
400 g Backpflaumen, gerade mit Wasser bedeckt über Nacht eingeweicht
2 TL gemahlener Zimt
Salz
1–3 EL Orangenblütenwasser (nach Geschmack)
etwa 2 EL flüssiger Honig (nach Geschmack)
gerösteter Sesam und Pinienkerne oder gehackte Mandeln zum Garnieren

Öl, Zwiebel, Knoblauch, Lammfleisch, Petersilie, Pfeffer und Gewürze in einem schweren Schmortopf vermischen. Das Pflaumen-Weichwasser und so viel zusätzliches Wasser hinzufügen, daß die Zutaten gerade bedeckt sind. Den Topfinhalt zugedeckt etwa 1 Std. sanft garen, bis das Lammfleisch fast weich ist.

Backpflaumen, Zimt und Salz dazugeben und alles zugedeckt weitere 30 Min. garen. Orangenblütenwasser und Honig nach Geschmack hineinrühren und den Topfinhalt noch einmal einige Minuten garen. Mit geröstetem Sesam und Pinienkernen oder Mandeln garniert servieren.

Lammkeule mit Safran

AGNEAU AU FOUR

Ein gehaltvolles und delikates Gericht.

FÜR 6 PERSONEN

1 kg festkochende Kartoffeln, geschält
1 Prise Safranfäden
Salz und Pfeffer
1,5 kg Lammkeule, in Scheiben oder Stücke geschnitten
100 ml Olivenöl
Saft von 1 Zitrone

Die Kartoffeln längs vierteln. Mit dem Safran in eine Schüssel geben und gerade mit gesalzenem Wasser bedecken. 30 Min. stehenlassen.

Den Backofen auf 180 °C vorheizen. Die Kartoffeln abtropfen lassen, von dem Wasser 300 ml zurückbehalten. Kartoffeln und Lammfleisch in eine ofenfeste Form schichten, dabei mit Öl und Zitronensaft begießen und mit Salz und Pfeffer würzen. Das aufbewahrte Safranwasser darübergeben und die Form abgedeckt für 1½ Stunden in den Backofen schieben, bis das Fleisch weich ist.

LINKS *Lammkeule mit Safran*

Geschmorte Lammschulter mit Kräutern

T'DLLA

Wird das Gericht nach traditioneller Wüsten-Art zubereitet, schmort man das Lammfleisch, indem man heiße Kohlen auf die tagine slaoui *legt. Beim Essen reibt man dann Brot leicht über das Fleisch und taucht es anschließend in die Sauce (sie enthält weit mehr Butter oder* smen *als bei diesem Rezept). Dann löst man mit den Fingern oder mit einem kleinen Stück Brot einen Bissen Fleisch.*

FÜR 4–6 PERSONEN

1 Gemüsezwiebel, feingehackt
2 Knoblauchzehen, feingehackt
1/2 TL gemahlener Zimt
1/2 TL Kreuzkümmel
1/2 TL Ingwerpulver
1/4 TL zerstoßene geröstete Safranfäden
1 Prise Cayennepfeffer
Salz
5 EL Olivenöl
5 EL Wasser
etwa 1,75 kg Lammschulter
75 g weiche Butter, nach Belieben auch weitere Butter zum Bräunen
gehackter Koriander zum Servieren (nach Belieben)

Den Ofen auf 190 °C vorheizen. Zwiebel, Knoblauch, Gewürze, Salz, Öl und Wasser vermischen. Die Hälfte der Mischung auf dem Boden eines Schmortopfes oder einer ofenfesten Form verteilen. Die restliche Mischung in das Fleisch reiben und dieses in den Topf oder die Form legen. Mit der Butter bestreichen. Bei hoher Temperatur garen, bis es gebräunt ist.

So viel Wasser dazugießen, daß das Fleisch zur Hälfte im Wasser liegt. Das Wasser zum Kochen bringen, einen Deckel oder Alufolie auflegen und die Form für etwa 2 Stunden in den Backofen schieben, bis das Fleisch so weich ist, daß es sich leicht vom Knochen löst. Dann, falls gewünscht, den Deckel abnehmen, das Fleisch mit weiterer Butter bestreichen und es knusprig und goldbraun unter dem vorgeheizten Grill bräunen. Vor dem Servieren etwas gehackten Koriander in die Garflüssigkeit rühren.

Lammspieße in Koriandermarinade

LABAN IMMO

Übersetzt bedeutet der arabische Name dieses Gerichtes „die Milch seiner Mutter“, weil das junge Lamm vor dem Garen mit Schafsmilchjoghurt mariniert wird.

FÜR 4 PERSONEN

2 Knoblauchzehen
Salz
1 getrocknete rote Chilischote, entkernt und gehackt
1 Stück frische Ingwerwurzel (gut 1 cm), gehackt
1½ EL gehackter frischer Koriander
1 EL Koriandersamen, zerstoßen
1½ TL gemahlener Koriander
1 TL gemahlener Kreuzkümmel
1 TL gemahlene Kurkuma
300 ml griechischer Schafsmilchjoghurt
1 EL Zitronensaft
600 g mageres Lammfleisch, gewürfelt
Korianderstengel zum Garnieren

Den Knoblauch mit einer Prise Salz im Mörser zerstoßen. Chilischote, Ingwer und Koriander hinzufügen und zu einer Paste verarbeiten. Die gemahlenen Gewürze untermischen, dann Joghurt und Zitronensaft hineinrühren.

Das Fleisch in eine Schüssel (nicht aus Metall) legen und die Joghurtmischung darübergießen. Durchheben und abgedeckt für 2–8 Stunden an einen kühlen Ort stellen.

Den elektrischen Grill oder Holzkohlengrill vorbereiten. Das Fleisch auf Spieße stecken und unter gelegentlichem Wenden grillen, bis es außen braun, in der Mitte aber noch rosa ist. Mit Koriander garniert servieren.

Lamm-Tagine mit Quitten

SAFARDJALIYA

Anstelle von Quitten kann man auch feste Äpfel oder Birnen verwenden, sie geben jedoch nicht das gleiche herrliche Aroma.

FÜR 6–8 PERSONEN

2 EL Öl
1 große Zwiebel, gehackt
1 kg mageres Lammfleisch, gewürfelt
1 TL gemahlener Zimt
½ TL Ingwerpulver
½ TL zerstoßene Safranfäden
2 große aromatische Tomaten, abgezogen und gehackt
700 g Quitten
Saft von ½ Zitrone
1 EL flüssiger Honig
Salz und Pfeffer

RECHTS *Lammspieße in Koriandermarinade*

Das Öl in einem Schmortopf erhitzen. Die Zwiebel hinzufügen und weichdünsten. Das Fleisch dazugeben und gleichmäßig bräunen, dann die Gewürze zufügen und etwa 1 Min. rühren. Die Tomaten dazugeben und die Zutaten gerade mit Wasser bedecken. Zugedeckt etwa 1 Std. sanft garen, bis das Fleisch weich ist.

In der Zwischenzeit die Quitten mit einer Bürste reinigen und je nach Größe achteln, vierteln oder halbieren. Kerngehäuse und schadhafte Stellen entfernen, jedoch nicht die Schalen, da sie dem Gericht Aroma und eine gelatinöse Beschaffenheit verleihen.

Quitten, Zitronensaft, flüssigen Honig sowie Salz und Pfeffer zum Fleisch geben und alles noch einmal 15–30 Min. garen, bis die Quitten weich sind, aber noch nicht zerfallen.

Lamm mit Kichererbsen und Aprikosen

MISHMISHEYA

In Tunesien gibt man gewöhnlich Zucker an dieses Gericht. Sind die Aprikosen reif und aromatisch, ist kein Zucker mehr erforderlich – es sei denn, Sie möchten das authentische Rezept probieren.

FÜR 4–6 PERSONEN

3 EL Olivenöl
1 Gemüsezwiebel, gehackt
700 g mageres Lammfleisch, gewürfelt
200 g Kichererbsen, über Nacht eingeweicht und abgetropft
2–2½ TL gemahlener Zimt
500 g aromatische reife Aprikosen, halbiert und entsteint
Salz und Pfeffer

Das Öl in einem großen Topf erhitzen, dann die Zwiebel darin braten, bis sie weich und goldbraun ist.
Das Fleisch hinzufügen und gleichmäßig bräunen, anschließend die Kichererbsen dazugeben und mit Wasser bedecken. Den Topfinhalt zum Kochen bringen, den Schaum abschöpfen und den Zimt zufügen. Hitze reduzieren und die Zutaten etwa 1 Std. köcheln lassen, bis Fleisch und Kichererbsen fast weich sind. Aprikosen, Salz und Pfeffer dazugeben und alles noch einmal etwa 20 Min. köcheln lassen, bis die Kichererbsen gar sind und das Fleisch sehr weich ist.

Pikante Würstchen

MERGUEZ

Die pikanten und gut gewürzten merguez *sind eine schmackhafte Alternative zu üblichen Würstchen. Falls nötig, fügt man noch mehr Gewürze als angegeben hinzu. Zum Probieren bricht man ein kleines Stück ab und brät es.*

FÜR 4 PERSONEN

350 g Rindfleisch, gewürfelt
150 g Fett vom Rind, gewürfelt
1–2 Knoblauchzehen, grobgehackt
1 TL Paprika
Salz und Pfeffer
2–4 EL sehr kaltes Wasser
1 TL Gewürzmischung aus gemahlenem Zimt und Nelken, zerbröseltem Thymian und Cayennepfeffer
Wurstdarm

Fleisch, Fett und Knoblauch durch den Fleischwolf drehen und sorgfältig mit den Gewürzen vermischen oder Fleisch, Fett, Knoblauch und Gewürze in der Küchenmaschine zerkleinern. Mit etwas Wasser befeuchten.

Die Masse in den Wurstdarm füllen und etwa 5 cm lange Würste abbinden. Für 24 Stunden an einen warmen, luftigen und trockenen Ort hängen.

Die Würstchen braten, grillen oder kochen und warm oder kalt essen.

Lamm mit Honig

MROUZIA

Als Kühlschränke und Gefriergeräte noch wenig verbreitet waren, wurde diese gehaltvolle, süße marokkanische tagine *nach Aid el-Kebir – dem Fest des Lammschlachtens – zubereitet, um das Fleisch haltbar zu machen. Obwohl ich die Honigmenge bereits reduziert habe, ist das Gericht noch immer sehr süß. Als Ausgleich verwende ich Zitronensaft. Man bereitet die* tagine *24 Stunden im voraus zu (sie hält aber viel länger) und erhitzt sie dann bei Bedarf. Weil sie so süß ist, serviert man sie nie allein, sondern stets zusammen mit leichteren Gerichten.*

FÜR 6 PERSONEN

1 Prise Safranfäden
1 TL frisch gemahlener schwarzer Pfeffer
1 TL gemahlener Zimt
2 TL ras el hanout *(siehe Seite 118)*
Salz
1,5 kg Rippenstück vom Lamm mit Knochen
250 g Rosinen
120 g Butter
3 Zwiebeln, feingehackt
200 g abgezogene Mandeln
150 ml Wasser
170 g flüssiger Honig
Zitronensaft

In einer kleinen Schüssel den Safran mit den restlichen Gewürzen und einer Prise Salz zerstoßen. Mit dem größten Teil dieser Mischung das Fleisch einreiben, den Rest mit den Rosinen vermischen.

Fleisch und übrige Zutaten mit Ausnahme von Rosinen, Honig und Zitronensaft in einen Topf geben und zum Kochen bringen, dann zugedeckt unter gelegentlichem Rühren 60–75 Min. garen, bis das Fleisch fast weich ist. Gegebenenfalls etwas Wasser zufügen, damit das Fleisch nicht ansetzt.

Rosinen, Honig und einen kräftigen Spritzer Zitronensaft unterrühren und die Zutaten noch einmal ohne Deckel 30 Min. garen, bis fast die gesamte Flüssigkeit verdampft und eine dicke, gehaltvolle Sauce entstanden ist.

LINKS *Lastesel, Hassi-Berkane, Marokko*

Würziges Lammfleisch mit Tomaten

M'FKOUL

Die unter einer Schicht aus gebräunten Zwiebeln gegarte Lammhaxe wird wunderbar saftig und zart.

FÜR 6 PERSONEN

- *$1^1/_2$ TL gemahlener Zimt*
- *$^1/_4$ TL gemahlener Kreuzkümmel*
- *$^1/_4$ TL Ingwerpulver*
- *je 1 kleines Bund Petersilie und Koriander, gehackt*
- *6 Stücke Lammhaxe, jeweils etwa 250 g schwer und 5 cm dick*
- *3 EL Olivenöl*
- *$1^1/_2$ Gemüsezwiebeln, feingehackt*
- *Salz und Pfeffer*
- *$1^1/_2$ EL Tomatenmark*
- *3 große, reife, aromatische Tomaten, abgezogen, entkernt und halbiert*
- *Zucker*

Zimt, Kreuzkümmel, Ingwer, Petersilie und Koriander vermischen und auf das Fleisch geben. Das Fleisch für 3–4 Stunden an einen kühlen Ort stellen.

$2^1/_2$ EL Öl erhitzen und die Zwiebeln zufügen. Mit Salz bestreuen und unter gelegentlichem Rühren sanft garen, bis sie gebräunt und karamelisiert sind. Aus dem Topf nehmen. Den Backofen auf 170 °C vorheizen.

Das Lammfleisch in dem Topf bräunen, nötigenfalls noch etwas Öl dazugeben. Verbliebene Gewürzmischung sowie Salz und Pfeffer zufügen, dann das Lammfleisch mit den Zwiebeln bedecken. Das Tomatenmark mit etwas Wasser verrühren und über die Zwiebeln geben. Die Zutaten fast mit Wasser bedecken und erhitzen, bis es gerade köchelt. Mit aufgelegtem Deckel etwa 1 Std. 40 Min. im Backofen garen, bis das Fleisch weich ist.

Jeweils eine Tomatenhälfte mit der Schnittseite nach unten auf ein Fleischstück legen. Die Garflüssigkeit abschmecken, dann die Tomaten beschöpfen. Mit dem Zucker bestreuen und den Topf noch einmal zugedeckt für 20 Min. in den Backofen schieben.

OBEN *Farbenfrohe Gewürze und Körbe in einem Geschäft in Essaouira, Marokko*

6

Gemüse

Die klimatischen Bedingungen im Landesinneren von Nordafrika machen den Anbau von Gemüse unmöglich, aber in der fruchtbaren Region nahe der Küste gedeiht es gut. Gemüse wird als Beilage zu Fleisch serviert, doch häufiger zusammen mit Geflügel, Getreide, Fleisch oder anderen Gemüsesorten für Eintöpfe verwendet und auf viel *couscous* gereicht. Die schmackhaften und reichhaltigen Gemüsegerichte Nordafrikas sind eigenständige Mahlzeiten und eignen sich perfekt für Vegetarier.

Pikante Kartoffelküchlein

Diese schmackhaften Kartoffelküchlein stammen aus Algerien. Das pikante Kartoffelpüree schmeckt auch gut, ohne daß es ausgebacken wurde.

FÜR 4–6 PERSONEN

1 kg Kartoffelpüree
1 EL Paprikapulver
2 TL gemahlener Kreuzkümmel
1 große Prise Cayennepfeffer
1 Bund Koriander, gehackt
3 Eier
Salz und Pfeffer
Öl zum Braten

Kartoffelpüree, Gewürze, Koriander, Eier sowie Salz und Pfeffer in einer großen Schüssel vermischen. Mit bemehlten Händen aus der Mischung runde, flache Küchlein formen. Abdecken und für 30 Min. kalt stellen.

In einer Pfanne etwas Öl erhitzen und die Küchlein portionsweise darin braten, bis sie auf beiden Seiten knusprig und goldbraun sind. Auf Küchenpapier abtropfen lassen. Heiß servieren.

Pikante Pastinaken

MZOURA I

Diese Version der tunesischen mzoura *ist süß und pikant zugleich und kann mit* harissa *beliebig scharf gewürzt werden. Auf traditionelle Weise wird sie mit Möhren zubereitet.*

FÜR 4–6 PERSONEN

1 kg kleine Pastinaken, in Scheiben geschnitten
3 EL Olivenöl
1 kleine Zwiebel, feingehackt
1 Knoblauchzehe, feingehackt
1 TL harissa *(siehe Seite 120)*
1 TL gemahlener Kreuzkümmel
1 TL gemahlener Koriander
1 TL flüssiger Honig
150 ml Gemüsebrühe
Salz und Pfeffer
gehackter frischer Koriander zum Garnieren

Die Pastinaken in einem Topf mit kochendem Wasser etwa 7 Min. garen, dann abtropfen lassen. In der Zwischenzeit das Öl in einer Pfanne erhitzen. Zwiebel und Knoblauch darin garen, bis sie weich sind. *Harissa* und Gewürze hineinrühren, dann Honig, Brühe, Pastinaken sowie Salz und Pfeffer dazugeben. Alles 7–10 Min. garen, bis die Pastinaken weich sind und die Flüssigkeit zu einer Sauce eingekocht ist. Warm oder kalt mit Koriander bestreut servieren.

RECHTS *Pikante Pastinaken (oben), Pikante Kartoffelküchlein (unten)*

Gersten-Couscous mit dicken Bohnen

CHEESHA SIKUK

Aus Gerstengrütze, die in Naturkostläden erhältlich ist, läßt sich ein köstliches couscous *mit nussigem Aroma zubereiten. Dieses Rezept stammt aus Marokko.*

FÜR 4 PERSONEN

450 g Gerstengrütze
75 g Butter, gewürfelt
150 g kleine dicke Bohnen, enthülst
2 dicke Frühlingszwiebeln, in Scheiben geschnitten
Salz und Pfeffer

Die Gerste unter fließendem kaltem Wasser waschen, 3 Min. abtropfen lassen. Den Aufsatz einer *couscousière* oder einen metallenen Durchschlag buttern oder einen Dämpfeinsatz mit Nesseltuch ausschlagen.

Die Gerste ausdrücken und in den Aufsatz der *couscousière* geben, dabei reiben, um die Körner zu trennen. Den Behälter mit Nesseltuch abdecken, mit aufgelegtem Deckel auf die *couscousière* setzen, in der sich kochendes Wasser befindet. 20 Min. dämpfen.

Dann in eine große ofenfeste Form geben, mit der Gabel zerteilen. 15 g Butter hinzufügen und sehr langsam 450 ml Wasser dazugießen, damit die Grütze nicht matschig wird, dabei mit der Gabel rühren, damit die Körner getrennt bleiben. 10 Min. stehenlassen, dann wieder in die *couscousière* geben und zudecken. Noch einmal 20 Min. dämpfen.

Die Gerste wieder in die Form geben und Verklumpungen zerteilen. 15 Min. stehenlassen. Inzwischen Bohnen und Frühlingszwiebeln in wenig kochendem Salzwasser weichgaren. Abtropfen lassen und zusammen mit der restlichen Butter unter die Gerste heben.

OBEN *Niedrige Häuser mit Flachdächern sind für Nordafrika typisch*

Pikante Kichererbsen-Tagine

TAGINE BIL HUMMUS

In Marokko werden Kichererbsen mitunter geschält, um ein Gericht „feiner“ zu machen. Dazu läßt man sie in der Sonne weichen und reibt sie nach dem Abtropfen an den Wänden eines Schilfkorbes, bis sich die Schale löst.

FÜR 4–6 PERSONEN

- *1 kg Kichererbsen, über Nacht eingeweicht und abgetropft*
- *4 EL Olivenöl*
- *1 Prise zerstoßene Safranfäden*
- *1/4 TL Paprikapulver*
- *1/4 TL gemahlener Kreuzkümmel*
- *1/4 TL Ingwerpulver*
- *1/4 TL gemahlener Zimt*
- *3 große aromatische Tomaten, abgezogen, entkernt und gehackt*
- *1 Gemüsezwiebel, geraspelt*
- *4 Stengel Koriander, gehackt*
- *6 Stengel Petersilie, gehackt*
- *Salz, schwarzer Pfeffer und Cayennepfeffer*

Die Kichererbsen in kochendem Wasser weichgaren. Abtropfen lassen und falls gewünscht schälen.

Das Öl in einem großen Topf erhitzen. Den Safran und die anderen Gewürze hineinrühren und garen, bis sie duften, dann Tomaten, Zwiebel, Koriander, Petersilie, Kichererbsen sowie Salz und Pfeffer zufügen. Zugedeckt etwa 15 Min. behutsam erhitzen, dabei gelegentlich umrühren.

Zwiebel-Tagine

MEZGALDI

Traditionell wird diese tagine *mit einem konkaven Deckel abgedeckt, in dem sich glühende Kohlen befinden, so daß die Zwiebeln von oben und unten gegart werden. In modernen Haushalten bereitet man sie im Backofen oder Grill zu.*

FÜR 4–6 PERSONEN

- *1 TL Ingwerpulver*
- *1 TL zerstoßene schwarze Pfefferkörner*
- *4 EL gemahlener Zimt*
- *2 EL Zucker*
- *1/4 TL zerstoßene Safranfäden*
- *Salz*
- *1 kg Gemüsezwiebeln, in Scheiben geschnitten*
- *100 ml Olivenöl*
- *2 Stangen Staudensellerie*

Ingwer, Pfeffer, die Hälfte von Zimt und Zucker, Safran und Salz in einer kleinen Schüssel vermischen. Zwiebelscheiben und Gewürzmischung schichtweise in eine Schüssel (nicht aus Metall) geben. Mit dem Öl begießen und 2 Stunden stehenlassen.

Die Selleriestangen über Kreuz in eine *tagine* oder einen Schmortopf legen. Zwiebeln und Gewürze hineingeben. Den restlichen Zucker und Zimt vermischen und über die Zwiebeln streuen. Zugedeckt in dem auf 170 °C vorgeheizten Backofen 40–50 Min. garen, bis die Zwiebeln fast zerfallen. Unter dem heißen Grill bräunen.

Couscous mit getrockneten Aprikosen und Mandeln

Dieses schnelle, einfache und moderne Rezept wurde für den neuen Typ von couscous *entwickelt, der heute am häufigsten erhältlich ist (siehe Seite 11). Nach traditioneller Art kann Butter oder Öl hineingerührt werden.*

FÜR 8 PERSONEN

350 g vorgegartes cous-cous *(siehe Seite 11)*
75 g Trockenaprikosen, in Streifen geschnitten
Salz und Pfeffer
50 g abgezogene Mandeln, leicht geröstet
gehackter frischer Koriander zum Servieren
Butter oder Olivenöl zum Servieren (nach Belieben)

Den *couscous* in eine Schüssel geben und mit 600 ml Wasser übergießen. Etwa 30 Min. stehenlassen, bis das meiste Wasser aufgenommen ist, dabei häufig mit einer Gabel durchrühren, um die Körner zu trennen. Aprikosen sowie Salz und Pfeffer in den *couscous* rühren, dann die Mischung in eine *couscousière* oder einen mit Nesseltuch ausgekleideten Dämpfer oder metallenen Durchschlag geben. Auf einen Topf mit kochendem Wasser setzen, fest mit Alufolie abdecken und etwa 20 Min. dämpfen.

Mandeln, Koriander und, sofern verwendet, Butter oder Öl hineinrühren.

Bunte Gemüse-Tagine

Das Originalrezept dieser tagine *enthält 75 g Rosinen, auf die hier verzichtet wird – eine reine Frage des Geschmacks. Die* tagine *wird auf* couscous *oder Reis serviert.*

FÜR 4 PERSONEN

- *125 g Kichererbsen, über Nacht eingeweicht, dann abgetropft*
- *3 EL Olivenöl*
- *4 kleine Möhren, in Scheiben geschnitten*
- *2 Zwiebeln, gehackt*
- *3 Knoblauchzehen, gehackt*
- *1 grüne Paprikaschote, in Streifen geschnitten*
- *2 Zucchini, in dicke Scheiben geschnitten*
- *1 TL gemahlener Koriander*
- *1 TL gemahlener Kreuzkümmel*
- *3 Tomaten, in kleine Stücke geschnitten*
- *600 ml Brühe*
- *Salz und Pfeffer*
- *Saft von 1 Zitrone*
- *2 EL gehackte frische Petersilie zum Garnieren*
- *4 Frühlingszwiebeln (nur weiße Teile), feingehackt, zum Garnieren*

Die Kichererbsen in reichlich kochendem Wasser garen, bis sie weich sind. Die Garzeit hängt von Alter und Sorte der Kichererbsen ab.

In der Zwischenzeit das Öl in einem Topf erhitzen und die Möhren darin braten, bis sie braun sind. Herausnehmen und beiseite stellen. Zwiebeln und Knoblauch in den Topf geben und behutsam garen. Wenn sie weich und goldbraun sind, Paprika und Zucchini hinzufügen und weichgaren. Die Gewürze hineinrühren und garen, bis sie duften, dann Tomaten, Möhren, Brühe sowie Salz und Pfeffer hinzufügen. Den Topfinhalt zum Kochen bringen.

Die Kichererbsen abtropfen lassen und zu der Gemüsemischung geben. Die Gemüse zugedeckt etwa 30 Min. köcheln lassen, bis sie weich sind. Den Zitronensaft hineinrühren, Petersilie und Frühlingszwiebeln darüberstreuen.

Tagine mit Okra und Tomaten

MARAK MATISHA BIL MELOKHIAS

Für dieses Rezept sollten kleine Okraschoten verwendet werden. In Tetouan fädelt man die Okras auf eine Schnur, um sie beim Umrühren der tagine *herausnehmen zu können. Dieses Gericht kann als Hauptspeise oder als Beilage zu gegrilltem oder gebratenem Fleisch und Geflügel gereicht werden.*

FÜR 4 PERSONEN

500 g frische Okraschoten
3 EL Olivenöl
1 große Zwiebel, feingehackt
2 Knoblauchzehen, feingehackt
1 Prise Paprikapulver
700 g aromatische Tomaten, abgezogen, entkernt und gehackt
4 EL gehackte frische Petersilie
Salz und Pfeffer

Die Okrastiele entfernen, ohne die Schoten einzuschneiden. Das Öl in einem Topf erhitzen und die Okras braten, bis sie leicht gebräunt sind. Mit dem Schaumlöffel herausheben.

Zwiebel und Knoblauch in den Topf geben und weichdünsten. Das Paprikapulver untermischen und 30 Sek. weiterrühren, dann die Tomaten dazugeben. Zum Kochen bringen und 10 Min. köcheln lassen. Okraschoten, die Hälfte der Petersilie, viel Pfeffer und etwas Salz dazugeben. Die Zutaten unter gelegentlichem Rühren etwa 30 Min. köcheln lassen.

Falls die Sauce noch nicht genügend eingekocht ist, die Okras in eine vorgewärmte Schüssel heben und warm stellen. Die Sauce kochen, bis sie dick geworden ist. Über die Okras gießen. Warm oder kalt mit der restlichen Petersilie bestreut servieren.

Kardonen-Tagine

MARAK SILK

Die distelähnliche Kardone (Karde) ist mit der Artischocke eng verwandt und im Mittelmeerraum beliebt. In unseren Breitengraden kann man sie durch Mangold ersetzen. Wichtig bei diesem Rezept ist, daß der Deckel wirklich fest sitzt, damit kein Dampf entweichen kann. Sicherheitshalber kann man den Topf zusätzlich mit Alufolie abdecken.

FÜR 4–6 PERSONEN

1 kg Kardonen
3 EL Öl
1 Knoblauchzehe, feingehackt
1 TL Paprikapulver
1 große Zwiebel, feingehackt
50 g Langkornreis
4 EL gehackter frischer Koriander
4 EL Wasser
Salz und Pfeffer

Den grünen Teil von den dicken Rippen der Kardonen trennen. Die Blätter grob hacken, die Stiele in gut 1 cm breite Streifen schneiden.

Das Öl in einem Schmortopf erhitzen. Kardonenstiele und Knoblauch hinzufügen und zugedeckt unter gelegentlichem Rühren 10–15 Min. sanft garen. Paprika dazugeben und 30–60 Sek. rühren, dann Zwiebel, Kardonenblätter, Reis, Koriander, Wasser sowie Salz und Pfeffer hinzufügen.

Einen festschließenden Deckel auflegen und den Topfinhalt etwa 30 Min. garen, bis der Reis weich ist, zwischendurch gelegentlich rühren und gegebenenfalls noch etwas Wasser zufügen.

RECHTS *Tagine mit Okra und Tomaten*

Pikante Möhren mit Dill

MZOURA 2

Dill, Ingwer und Orange sorgen für den typischen Geschmack dieser mzoura*-Version. Den Topf gegen Ende der Garzeit schütteln, damit die Möhren nicht ansetzen.*

FÜR 4 PERSONEN

500 g Möhren, in Stifte geschnitten
25 g Butter
1 EL Zucker
abgeriebene Schale von 1 unbehandelten Orange
1 Stück frische Ingwerwurzel (gut 1 cm), in feine Streifen geschnitten
Salz und Pfeffer
einige Stengel Dill, gehackt

Möhren, Butter, Zucker, Orangenschale, Ingwer sowie Salz und Pfeffer in einen Topf geben und gerade mit Wasser bedecken. Zum Kochen bringen und etwa 12 Min. köcheln lassen, bis die Möhren weich sind und die Flüssigkeit verdampft ist. Mit dem Dill bestreut servieren.

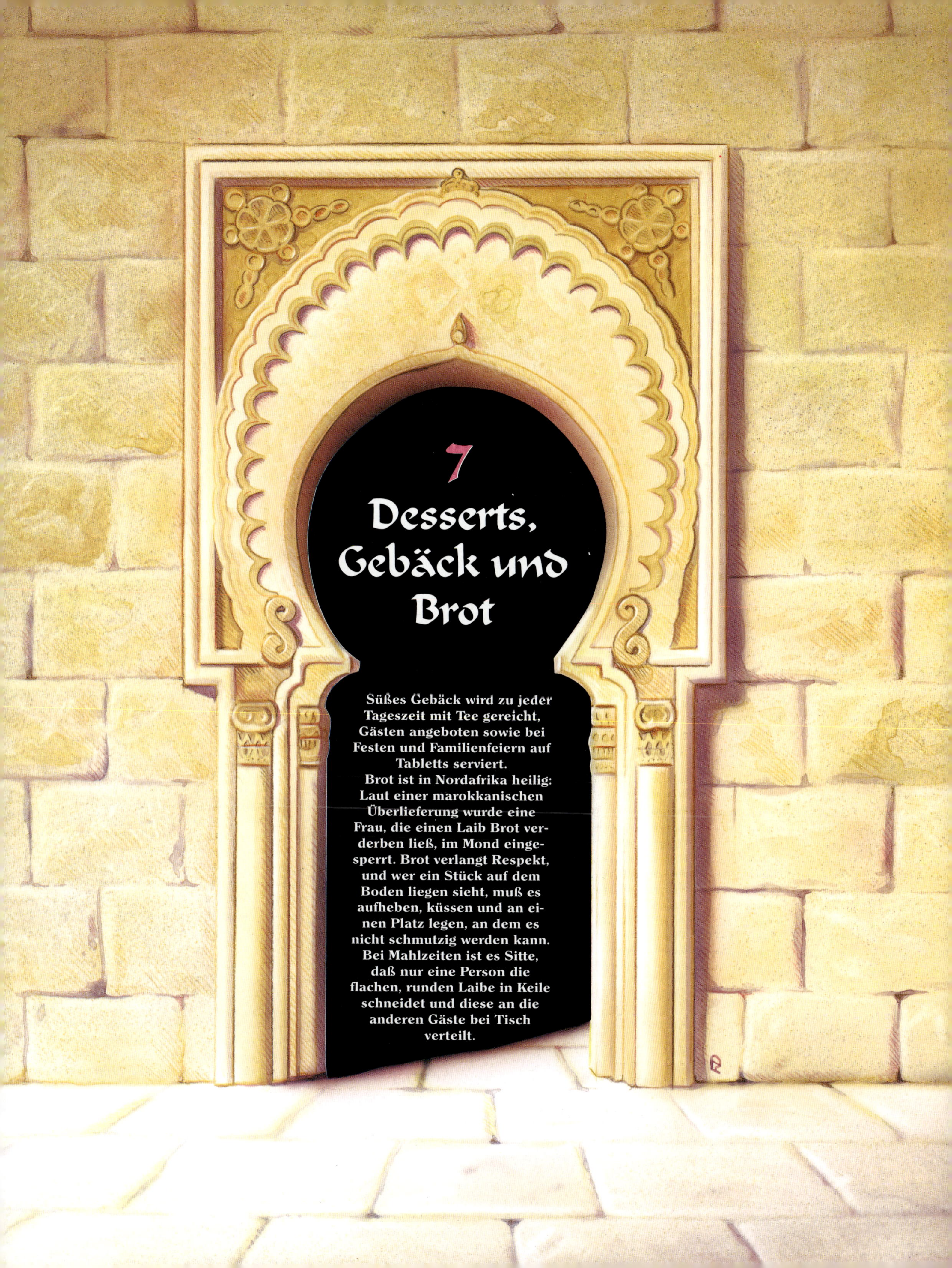

7

Desserts, Gebäck und Brot

Süßes Gebäck wird zu jeder Tageszeit mit Tee gereicht, Gästen angeboten sowie bei Festen und Familienfeiern auf Tabletts serviert.

Brot ist in Nordafrika heilig: Laut einer marokkanischen Überlieferung wurde eine Frau, die einen Laib Brot verderben ließ, im Mond eingesperrt. Brot verlangt Respekt, und wer ein Stück auf dem Boden liegen sieht, muß es aufheben, küssen und an einen Platz legen, an dem es nicht schmutzig werden kann. Bei Mahlzeiten ist es Sitte, daß nur eine Person die flachen, runden Laibe in Keile schneidet und diese an die anderen Gäste bei Tisch verteilt.

Mandelkekse

GHORIBA BIL LOZ

Diese gehaltvollen Mandelkekse sind eine beliebte arabische Süßigkeit. Besonders gut schmecken sie zu Kaffee.

ERGIBT ETWA 30 STÜCK

2 kleine Eier
200 g Puderzucker sowie Puderzucker zum Bestäuben
400 g gemahlene Mandeln
abgeriebene Schale von 1/2 unbehandelten Zitrone
2 TL Backpulver
Orangenblüten- oder Rosenwasser nach Geschmack

LINKS *Mandelkekse*

Den Backofen auf 180 °C vorheizen und ein Backblech einfetten. Ein ganzes Ei, ein Eigelb und den Zucker gut mit dem Schneebesen verrühren, dann Mandeln, Zitronenschale, Backpulver und Orangenblüten- oder Rosenwasser untermischen. Die Masse mit den Händen sorgfältig durchkneten, gegebenenfalls etwas vom restlichen Eiweiß hinzufügen, damit ein weicher, formbarer Teig entsteht.

Mit geölten Händen aus walnußgroßen Stücken der Mandelmasse kleine Eier formen. Puderzucker auf einen Teller geben und die Teigeier darin flachdrücken. Die Kekse mit Abstand auf das Backblech setzen und etwa 15 Min. backen, bis sie goldbraun sind.

Honig-Mandel-Paste

AMALOU

Dies ist eine berühmte Nascherei aus dem Sous im Südwesten Marokkos. Traditionell stellt man sie mit dem hocharomatischen Öl her, das aus den Nüssen des Arganbaumes gewonnen wird, der nur in Marokko wächst und eine große Anziehungskraft auf Ziegen ausübt. Die Ziegen klettern buchstäblich die Äste empor, um an die Nüsse zu gelangen. Amalou *wird mit heißem Brot gegessen oder als Füllung für Pfannkuchen serviert. Das Arganöl kann durch Walnußöl ersetzt werden.*

1 EL Pflanzenöl
250 g abgezogene Mandeln
100 ml Walnußöl
Salz
4 EL dickflüssiger Honig

Das Pflanzenöl in einer Pfanne erhitzen. Die Mandeln hinzufügen und bräunen. Auf Küchenpapier abtropfen lassen und mit Walnußöl und Salz im Mixer zu einer glatten, cremigen Masse verarbeiten. Den Honig dazugeben und gut untermischen. Die Paste in ein Glas füllen und abgedeckt in den Kühlschrank stellen. Sie hält sich mindestens zwei Monate.

Hefegebäck

RGHAIF

Der Teig für dieses Gebäck wird auf die gleiche Weise wie Teig für Croissants oder Plundergebäck bereitet (jedoch ohne Butter). Durch Ausrollen und Zusammenfalten wird er leicht und locker.

FÜR 4 PERSONEN
450 g Mehl
1 EL Trockenhefe
1 Ei, verquirlt
etwa 300 ml Wasser
Öl zum Ausbacken
Butter und Honig zum Servieren

Mehl und Hefe in einer Schüssel verrühren. Das Ei zufügen und langsam Wasser dazugeben – erst rühren, dann schlagen, um einen glatten, klebrigen und weichen Teig herzustellen. Den Teig etwa 20 Min. gut kneten, bis er fest und sehr elastisch ist.

Den Teig mit geölten Händen in 16–20 etwa pflaumengroße Kugeln teilen. Jede Kugel auf der geölten Arbeitsfläche mit geölten Händen zu einem papierdünnen Rechteck von etwa 22 x 25 cm Größe auseinanderdrücken und dehnen. Der Teig sollte möglichst gleichmäßig dick sein und nicht reißen. Den Teig so falten, daß sich zwei Seiten in der Mitte treffen. Um 90° drehen und erneut zusammenfalten. Den Teig wieder zu einem Rechteck von 10 x 15 cm Größe auseinanderdrücken.

In einer Pfanne gut 1 cm hoch Öl erhitzen. Ein Teigstück hineingleiten lassen und ausbacken, bis es aufgegangen und unterseits knusprig und goldbraun ist, während des Backens mit etwas heißem Öl begießen. Dann wenden und noch einmal etwa 1 Min. ausbacken. Heiß mit Butter und Honig servieren.

RECHTS *Mozarabisches Grabmal in Taghit, Algerien*

Walnuß-Mandel-Pralinen

FUSTUKH MAHCHI

In Tunesien bilden Walnüsse, die mit einer mit Rosenwasser aromatisierten Mandelmasse gefüllt sind, den krönenden Abschluß einer Mahlzeit.

ERGIBT 12 STÜCK

125 g gemahlene Mandeln
1 TL Rosenwasser
1 Eigelb
24 Walnußhälften
175 g Zucker sowie Zucker zum Überziehen
150 ml Wasser
1 EL Zitronensaft

Die gemahlenen Mandeln mit dem Rosenwasser vermischen, dann so viel Eigelb dazugeben, daß eine formbare Masse entsteht. In zwölf Stücke teilen und diese jeweils zwischen zwei Walnußhälften setzen.

Den Zucker behutsam mit Wasser und Zitronensaft erhitzen und so lange rühren, bis er sich aufgelöst hat. Die Temperatur erhöhen und den Sirup auf etwa die Hälfte einkochen lassen.

Die Pralinen mit einem Löffel und einer Gabel in den Sirup legen und wenden. Herausheben und in Zucker rollen, um sie gleichmäßig zu überziehen. Über Nacht trocknen lassen.

Sesam-Mandel-Mischung

SELLOU

Diese Nascherei wird traditionell zu besonderen Festlichkeiten serviert. Die Gäste nehmen davon ein oder zwei Löffel, die sie mit anderen Süßigkeiten essen.

50 g Sesam
50 g gehackte Mandeln
1 EL Öl
1/2–1 EL Anissamen
250 g Mehl
125 g Butter, in kleine Stücke geschnitten
50 g Zucker
1/4–1/2 TL Puderzucker
1/2 TL Zimt
ganze Mandeln oder Mandelblättchen und Puderzucker zum Verzieren

Den Sesam in einer Grillpfanne verteilen und goldbraun rösten. In den Mixer geben.

Die Mandeln mit dem Öl vermischen und unter dem Grill rösten, bis sie gebräunt sind, dabei gelegentlich durchrühren. Mit Anissamen in den Mixer geben und eine glatte Masse herstellen.

Das Mehl in einer großen, schweren Pfanne bei mittlerer Hitze rühren. Wenn es goldbraun ist, von der Kochstelle nehmen. Die Butter in einem Topf zerlassen. Das Mehl dazugeben und rühren, bis es dick und karamelfarben ist, es darf aber nicht anbrennen. Von der Kochstelle nehmen, dann Sesam-Mandel-Mischung, Zucker, Puderzucker und Zimt hineinrühren. Abkühlen lassen. Mit Mandeln und Puderzucker verziert servieren.

RECHTS *Walnuß-Mandel-Pralinen*

Gazellenhörnchen

KAAB EL GHZAL

Diese beliebten halbmondförmigen Plätzchen heißen in Algerien tcharak, *sind im Ausland häufig unter ihrem französischen Namen* cornes de gazelles *bekannt und finden sich in vielen Variationen in allen nordafrikanischen Küchen. Um dem Gebäck ein zarteres Aroma zu verleihen, verwendet man eine Mischung aus Wasser und Orangenblütenwasser.*

ERGIBT ETWA 16 STÜCK

FÜLLUNG:

200 g abgezogene Mandeln, gemahlen
100 g Zucker
1/2 TL gemahlener Zimt
etwa 2 EL Orangenblütenwasser

TEIG:

200 g Mehl
1 Prise Salz
2 EL Sonnenblumenöl
150–175 ml Orangenblütenwasser
Puderzucker zum Bestäuben

Die Zutaten für die Füllung zu einer festen Paste verkneten. Sie hat zunächst vielleicht eine trockene Konsistenz, wird beim Kneten aber klebrig, wenn durch die Wärme der Hände das Öl in den Mandeln freigesetzt wird. Beiseite stellen.

Den Backofen auf 180 °C vorheizen und ein Backblech einfetten. Für den Teig Mehl und Salz in eine Rührschüssel sieben und mit dem Öl vermischen. So viel Orangenblütenwasser zufügen, daß ein weicher Teig entsteht. Den Teig gut kneten, bis er glatt und elastisch ist.

Den Teig auf der leicht bemehlten Arbeitsfläche sehr dünn ausrollen und in 8 cm breite Streifen schneiden. Etwa walnußgroße Portionen der Füllmasse zu dünnen Würsten von etwa 8 cm Länge rollen, die sich an den Enden verjüngen. Längs etwa 3 cm vom Rand auf die Teigstreifen setzen.

Die Teigränder mit Wasser anfeuchten, über die Füllmasse legen und zusammendrücken. Mit der Spitze eines scharfen Messers um die Füllung fahren und die Schnittkanten fest zusammendrücken.

Die Kekse behutsam zu Hörnchen oder Halbmonden formen und auf das Backblech setzen. 20–25 Min. backen, bis sie leicht gebräunt sind. Auf einem Kuchengitter auskühlen lassen, dann mit Puderzucker bestäuben.

RECHTS *Blühender Hibiskus in Karthago, Tunesien*

Pfirsich-Dessert

Die alten Perser führten neben Pfirsichen auch Melonen und Granatäpfel in Nordafrika ein. Zu diesem leichten Pfirsich-Dessert passen Crème fraîche, Sahne, Joghurt oder Eiscreme.

FÜR 4 PERSONEN

4 große reife Pfirsiche (falls gewünscht abgezogen), in Scheiben geschnitten
etwa 3 EL Zucker
2–4 TL Rosen- oder Orangenblütenwasser
Minzeblätter zum Verzieren (nach Belieben)

Die Pfirsichscheiben in eine flache Servierschüssel legen. Zucker und Rosen- oder Orangenblütenwasser darübergeben, dann behutsam durchheben. Abgedeckt für 2 Std. kalt stellen. Kurz vor dem Servieren auf Wunsch einige Minzeblätter darüberstreuen.

Waben-Pfannkuchen

BEGHRIR

Bei diesen Pfannkuchen bilden sich während des Ausbackens auf der Oberfläche Blasen, die eine wabenartige Struktur entstehen lassen. Butter und Honig werden daher direkt von den Pfannkuchen aufgenommen. In Algerien bereitet man beghrir *manchmal aus Hartweizengrieß zu.*

FÜR 4–6 PERSONEN

450 g Mehl
1 EL Trockenhefe
1 Ei, verquirlt
etwa 350 ml Wasser oder eine Mischung aus Wasser und Milch
zerlassene Butter und mit Orangenblütenwasser aromatisierter warmer Honig zum Servieren

Mehl und Hefe in einer Rührschüssel vermischen. Das Ei zufügen und langsam Wasser oder Milch-Wasser-Mischung unterrühren, dann unterschlagen, um einen glatten Teig mit der Konsistenz von dicker Sahne herzustellen. Etwa 1 Std. ruhen lassen.

Etwas Öl in eine schwere Pfanne geben und bei mittlerer Temperatur erhitzen. Etwa 3 EL Teig hineingießen und gleichmäßig verteilen. Den Pfannkuchen backen, bis sich auf der Oberseite Blasen bilden und platzen und die Unterseite hell goldbraun ist.

Die Pfannkuchen sich überlappend kreisförmig auf einem Teller anrichten, da sie aufeinandergelegt zäh werden. Warm mit zerlassener Butter und dem warmen Honig beträufelt servieren.

LINKS *Pfirsich-Dessert*

Maisstärke-Pudding

MUHALLABEYA

Muhallabeya *stammt ursprünglich aus dem Nahen Osten. Es ist ein Pudding mit seidiger, nicht ganz fester Konsistenz. Anstatt ihn mit Mandeln und Pistazien zu verzieren, kann man Mandeln braun und knusprig rösten, hacken und mit etwas Zimt und Zucker vermischt darüberstreuen.*

FÜR 4–6 PERSONEN

5 EL Maisstärke
3–5 EL Zucker nach Geschmack
700 ml sehr fetthaltige Milch
2 EL Orangenblütenwasser
1/2 TL abgeriebene Zitronenschale (nach Belieben)
50 g abgezogene Mandeln und Pistazien

In einem Krug Maisstärke und Zucker mit etwas Milch zu einer Paste vermischen. Die restliche Milch zum Kochen bringen. Etwas kochende Milch in die Maisstärkemischung rühren, anschließend die Mischung in die köchelnde Milch geben. Unter ständigem Rühren die Masse eindicken lassen, bis sie einen Löffelrücken überzieht.

Von der Kochstelle nehmen. Orangenblütenwasser und, sofern verwendet, abgeriebene Zitronenschale unterrühren. In eine große Schüssel oder Portionsschalen füllen und stehenlassen, bis sich eine Haut bildet. Mit der Nußmischung bestreuen und abkühlen lassen. Abgedeckt in den Kühlschrank stellen.

Sauerteig-Starter

Da früher frische Hefe in Nordafrika kaum erhältlich war, nahm man zum Brotbacken einen natürlichen Sauerteig-Starter oder Vorteig. Die Mischung aus Mehl und Wasser wird durch in der Luft vorhandene wilde Hefen aktiviert und vergoren, bevor man sie dem Brotteig zufügt. Der Vorteig kann jahrelang genutzt werden, indem nur ein Teil des Starters zum Backen verwendet und der Rest mit derselben Menge an Mehl und Wasser ergänzt wird, die vorher abgenommen wurde.

125 g Mehl
2 EL Maismehl (Polenta)
1 EL Erdnußöl
125–175 ml lauwarmes Wasser

Mehl und Maismehl in eine Schüssel sieben. Öl und 125 ml Wasser hineinrühren, um einen glatten Teig herzustellen. Den Teig auf die Arbeitsfläche geben und 1–2 EL Wasser unterkneten. 10–15 Min. weiterkneten, bis der Teig glatt und elastisch ist und glänzt.

Den Teig mit etwas Mehl bestreuen und zu einer Kugel formen. In eine leicht geölte Schüssel legen und abgedeckt 12–24 Std. ruhen lassen, bis sich sein Volumen verdoppelt hat. Nun ist der Starter verwendungsbereit.

Reispudding

ROZ BIL HALIB

Reispudding ist überall in Nordafrika beliebt. Durch das lange und sanfte Garen nimmt der Reis viel Milch auf, was ihm eine sahnige Konsistenz verleiht. Werden Mandeln hinzugefügt, wird der Reis aromareicher. Bei der traditionellen Zubereitung werden die Mandeln von Hand zerstoßen, um Mandelmilch herzustellen. Heutzutage kann man jedoch einen Mixer verwenden. Oder man gibt einfach frisch gemahlene Mandeln mit etwas zusätzlicher Milch zu dem Pudding, wodurch er noch cremiger und aromatischer wird und sich seine Konsistenz verändert.

FÜR 4 PERSONEN

etwa 1 l Milch
50 g Milchreis, gewaschen und abgetropft
1–1½ EL Orangenblüten- oder Rosenwasser
50 g Zucker
gehackte Pistazien oder Mandeln, kandierte Veilchen- oder Rosenblütenblätter

Die Milch in einem schweren, vorzugsweise beschichteten Topf erhitzen. Reis und Zucker dazugeben und unter Rühren zum Kochen bringen. Die Temperatur reduzieren und den Reis unter gelegentlichem Rühren sehr behutsam garen, bis der Pudding dick und seidig ist und sich leicht vom Löffel löst – dies dauert etwa 2 Std. Gegebenenfalls eine Kochschutzmatte verwenden, damit der Reis nicht zu rasch gart und ansetzt. Orangenblüten- oder Rosenwasser nach Geschmack dazugeben. In eine Schüssel oder Portionsschalen füllen. Warm oder kalt mit Pistazien oder Mandeln bzw. kandierten Veilchen- oder Rosenblättern garniert servieren.

LINKS *Wandmalerei nahe Tamanrasset, Algerien*

Marokkanisches Brot

KISRA / KHBOZ

Marokkanisches Brot ist rund, goldgelb und knusprig. Auf dem Land wird oft reines Gersten- oder Maismehl oder eine Mischung von zwei bis drei Mehlsorten verwendet.

ERGIBT 2 LAIBE SOWIE STARTER (VORTEIG)

450 g Weizenmehl
4 EL Maismehl
Salz
1 Portion Sauerteig-Starter (siehe Seite 108)
etwa 375 ml warmes Wasser
Sesam oder Anissamen zum Bestreuen (nach Belieben)

Weizen- und Maismehl sowie Salz in eine Schüssel sieben. Den Starter dazugeben und nach und nach das Wasser untermischen, um einen glatten, geschmeidigen Teig herzustellen. Zunächst gut durchschlagen, anschließend 10–20 Min. kneten, bis der Teig fest und elastisch ist und sich sauber von den Wänden der Schüssel löst.

Den Teig dritteln. Einen Teil als Starter aufbewahren, die beiden anderen mit geölten Händen zu Kugeln formen. Über jede etwas Mehl sieben, dann zu etwa 13 cm großen Fladen auseinanderdrücken. Auf ein bemehltes Blech legen und zugedeckt gehen lassen, bis der Eindruck sichtbar bleibt, den ein Finger im Teig hinterläßt.

Den Backofen auf 200 °C vorheizen. Jeden Laib drei- oder viermal mit der Gabel einstechen, dann, falls gewünscht, mit Sesam oder Anissamen bestreuen, und etwa 50 Min. backen, bis das Brot knusprig und goldbraun ist.

Leichte Butterkekse

GHORIBA SABLE AU BEURRE

Der Name dieses tunesischen Gebäcks und die Verwendung von Butter verraten den französischen Einfluß. Es kann mit Orangenblüten- oder Rosenwasser aromatisiert werden.

ERGIBT ETWA 30 STÜCK

400 g Mehl
1 Prise Salz
250 g Puderzucker sowie Puderzucker zum Bestreuen
150 g Butter, zerlassen und abgekühlt

Mehl, Salz und Puderzucker in eine Schüssel sieben und in der Mitte eine Mulde formen. Langsam die zerlassene Butter in die Mulde gießen und nach und nach die trockenen Zutaten einarbeiten, um einen glatten Teig herzustellen. Zu einer Kugel formen und abgedeckt in den Kühlschrank stellen.

Zwei Backbleche dünn einfetten. Den Teig auf der dünn bemehlten Arbeitsfläche kneten, bis er weich ist. Walnußgroße Stücke zu Kugeln formen und zwischen den Handflächen flachdrücken. Mit großzügigem Abstand auf das Blech setzen und 20–30 Min. kalt stellen.

Den Backofen auf 180 °C vorheizen. Die Kekse 10–15 Min. backen, bis sie goldbraun sind. Auf einem Kuchengitter abkühlen lassen, mit Puderzucker bestäuben.

RECHTS *Marokkanisches Brot*

Rosinenkrapfen

SFENAJ

In Marokko lockt der verführerische Geruch der Krapfenbäcker die Bewohner zum Frühstück oder zu einem kleinen Imbiß auf die Straße. Doch Straßenhändler haben keine Exklusivrechte auf die Herstellung von sfenaj. *Sie lassen sich auch leicht zu Hause zubereiten.*

FÜR 4–6 PERSONEN
450 g Zucker
450 ml Wasser sowie 4 EL Wasser
3 EL Orangenblütenwasser
2 EL Zitronensaft
250 g Mehl
1 Prise Salz
$1^1/_2$ TL Trockenhefe
25 g Rosinen
1 Ei
Öl zum Fritieren

Den Zucker mit 450 ml Wasser in einem Topf behutsam erhitzen und so lange rühren, bis er sich aufgelöst hat. Die Temperatur erhöhen und den Sirup um etwa ein Drittel einkochen. Von der Kochstelle nehmen und Orangenblütenwasser und Zitronensaft einrühren. Abkühlen lassen.

Mehl und Salz in eine Rührschüssel sieben, Hefe und Rosinen hineinrühren. In der Mitte eine Mulde formen.

In einem Krug das Ei mit dem restlichen Wasser verquirlen und langsam in die Mulde gießen, dabei mit den trockenen Zutaten vermischen, um einen glatten, weichen Teig herzustellen – gegebenenfalls weiteres Wasser dazugeben. Abdecken und gehen lassen, bis sich sein Volumen verdoppelt hat.

Den Teig auf der bemehlten Arbeitsfläche 5 Min. sanft kneten. In zwölf gleichgroße Stücke teilen und zu Kugeln formen. Die Kugeln etwas auseinanderdrücken und in die Mitte ein Loch bohren.

Das Öl in der Friteuse oder einem tiefen, schweren Topf auf 180 °C erhitzen und die Krapfen portionsweise 5–8 Min. backen, bis sie goldbraun sind. Mit einem Schaumlöffel zum Abtropfen auf Küchenpapier heben. In eine Schüssel legen, den Sirup darübergeben und etwa zwei Stunden stehenlassen.

OBEN *Färbebottiche in der Medina von Fes, Marokko*

Mandelschlange

M'HANNCHA

Der marokkanische Name dieses nahrhaften, leicht parfümierten Gebäcks bedeutet „die Schlange" und beschreibt akkurat seine Form. In einem luftdicht verschlossenen Behälter an einem kühlen Platz aufbewahrt hält sich m'hanncha *mehrere Tage; es darf aber nicht in den Kühlschrank gestellt werden. Vor dem Servieren kann es, falls gewünscht, aufgebacken werden.*

ERGIBT 12 STÜCK

250 g gemahlene Mandeln
200 g Puderzucker
1 Ei, getrennt
einige Tropfen Mandel-Extrakt
$1^1/_2$ EL Rosenwasser
Puderzucker
6 Blätter Phyllo-Teig
4 EL zerlassene Butter oder Olivenöl
Puderzucker und gemahlener Zimt zum Verzieren

Mandeln und Puderzucker in einer Rührschüssel mischen, dann Eiweiß, Mandel-Extrakt und Rosenwasser dazugeben und eine Paste herstellen. In drei gleichgroße Stücke teilen. Puderzucker auf die Arbeitsfläche sieben und jede Portion zu einer 50 cm langen und gut 1 cm dicken Wurst rollen.

Ein Teigblatt mit zerlassener Butter oder Öl bestreichen. Ein zweites Teigblatt darauflegen und ebenfalls mit Butter oder Öl bestreichen. Die anderen Teigblätter mit einem feuchten Tuch abdecken. Eine der Mandelwürste etwa 3 cm vom Rand entfernt längs auf den gefetteten Teig legen. Den Teig aufrollen, um die Mandelmasse zu umschließen.

In der Mitte einer 20 cm großen eingefetteten Springform beginnend die Wurst zu einer lockeren Spirale legen. Mit der übrigen Mandelmasse und den verbliebenen Teigblättern ebenso verfahren. Jede Wurst am Ende der vorangegangenen ansetzen und die Spirale nach außen fortführen. Das Eigelb mit einer Prise Zimt verquirlen und auf die Spirale streichen. Das Gebäck im vorgeheizten Backofen bei 180 °C etwa 30 Min. backen, bis es goldbraun und knusprig ist.

Den Rand der Form abnehmen. Die Spirale behutsam wenden, den Rand wieder ansetzen und das Gebäck noch einmal für 10 Min. in den Backofen schieben, bis auch die Unterseite gebräunt ist. Auf einem Kuchengitter etwas abkühlen lassen. Puderzucker darübersieben und mit einem Gittermuster aus Zimt verzieren. In Stücke geschnitten warm servieren.

Knuspriges Mandel-Sesam-Gebäck

SAMSA

Wie alle arabischen Süßigkeiten ist auch dieses Gebäck aus Tunesien sehr süß, so daß man nur ein oder zwei Stück davon essen kann. Zum Glück ist es in einem luftdicht verschlossenen Behälter gut haltbar.

ERGIBT ETWA 24 STÜCK

300 ml Wasser
150 g Zucker
1 EL Zitronensaft
Orangenblütenwasser
250 g abgezogene Mandeln, leicht geröstet und gemahlen
1 1/2 TL gemahlener Zimt (nach Belieben)
1 1/2 TL abgeriebene Schale von einer unbehandelten Orange
etwa 120 g Phyllo-Teig
Olivenöl
leicht gerösteter Sesam zum Bestreuen

Das Wasser und 120 g Zucker in einen Topf geben und behutsam unter Rühren erhitzen, bis sich der Zucker aufgelöst hat. Den Zitronensaft zufügen und die Mischung einkochen lassen, bis sie sirupartig ist. Vom Herd nehmen und das Orangenblütenwasser dazugeben. Abkühlen lassen.

Den Backofen auf 180 °C vorheizen. In einer Rührschüssel Mandeln, Zimt (sofern verwendet), abgeriebene Orangenschale und restlichen Zucker vermischen und anschließend kneten.

Ein Teigblatt mit Olivenöl bestreichen. Die anderen Blätter mit einem feuchten Tuch abdecken. Das geölte Blatt längs in drei Streifen schneiden. An das Ende jedes Streifens einen kleinen Löffel Füllmasse setzen.

Die Seiten über die Füllung legen und den Teig aufrollen. Auf das Ende des Streifens innen Öl geben und andrücken. Die Rolle mit Öl bestreichen und auf ein Backblech setzen. Mit den übrigen Zutaten ebenso verfahren. Das Gebäck 15–20 Min. backen, bis es knusprig und goldbraun ist.

Die Rollen portionsweise für etwa 3 Min. in den heißen Sirup legen, um sie zu tränken. Dann auf einen Teller heben und großzügig mit Sesam bestreuen. Vor dem Servieren abkühlen lassen.

OBEN *Römisches Amphitheater, El-Djem, Tunesien*

Fladenbrot

PITA

Obwohl heute in Nordafrika abgepacktes Fladenbrot erhältlich ist, bereiten manche Bewohner immer noch ihren eigenen Teig zu und bringen ihn zum Backen zu einem Bäcker. Viele Nordafrikaner kaufen frisch gebackenes Brot in kleinen Läden, bei denen es sich um wenig mehr als Straßenkioske handelt.

Der Teig kann mit Kreuzkümmel oder Kräutern aromatisiert oder nach dem Formen mit gutem Olivenöl bestrichen und mit Sesam bzw. einer Mischung aus Salz und za'atar bestreut werden.

Damit das Brot innen hohl ist, wird es in einem sehr heißen Backofen gebacken (traditionell wird er mit Holz befeuert). Rechtzeitiges Vorheizen ist daher wichtig, obwohl selbst dann einige Backöfen nicht die notwendige Temperatur erreichen. Am besten werden auch die Backbleche 2 Min. vorgeheizt. Die Brote können auch unter einem sehr heißen Grill gebacken werden.

ERGIBT ETWA 12 STÜCK

15 g frische Hefe oder eine entsprechende Menge Trockenhefe
1 Prise Zucker (nach Belieben)
etwa 300 ml warmes Wasser
450 g Mehl
Salz
1 EL Olivenöl sowie Olivenöl zum Bestreichen

Die frische Hefe in eine Schüssel geben und, sofern verwendet, den Zucker hinzufügen. Mit etwas Wasser verrühren und stehenlassen, bis sich Bläschen bilden. Das Mehl und eine Prise Salz in eine Schüssel sieben. In der Mitte eine Mulde formen. Trockenhefe oder frische Hefe sowie restliches Wasser und Öl hineingießen und nach und nach die trockenen Zutaten einarbeiten, erst mit einem Holzlöffel, dann mit den Händen, bis ein fester, weicher Teig hergestellt ist.

Den Teig auf die leicht bemehlte Arbeitsfläche geben und etwa 15 Min. kneten, bis er glatt und elastisch ist. Eine Schüssel sorgfältig einölen. Den Teig hineinlegen und wenden, um ihn mit Öl zu überziehen. Abdecken und bei Raumtemperatur ruhen lassen, bis sich sein Volumen verdoppelt hat.

Den Teig auf der Arbeitsfläche kurz durchkneten, dann in zwölf gleichgroße Stücke teilen. Jedes Stück mit der Handfläche zu einem Fladen von etwa 5 mm Dicke und 10 cm Durchmesser auseinanderdrücken. Mit Öl bestreichen und mit großzügigem Abstand auf Backbleche legen. Mit einem dünn bemehlten Tuch abdecken und etwa 20 Min. gehen lassen. Den Backofen auf höchster Stufe vorheizen.

Die Oberfläche der Fladen mit kaltem Wasser befeuchten, um zu verhindern, daß sie braun werden. Werden die Brote im Ofen gebacken, einige Fladen mit einem Spatel auf ein geöltes vorgeheiztes Backblech geben und etwa 3 Min. backen, dann die Temperatur auf 230 °C reduzieren und die Brote noch einmal 2–3 Min. backen, bis sie aufgegangen sind und braune Flecken haben.

Bei Verwendung des Grills die Brote unter den sehr heißen Grill legen, dabei Platz zum Aufgehen lassen. Wenn sie aufgebläht und braun gefleckt sind, sofort wenden und noch einmal 1 Min. backen.

Brot, das nicht sofort gegessen werden soll, noch warm in einen Folienbeutel geben. Zur längeren Aufbewahrung einfrieren und vor dem Verzehr gefroren unter den Grill oder in den Backofen legen und aufbacken. Wenn Brote trocken werden, kann man sie mit Wasser besprenkeln und anschließend aufbacken. Um mehrere Brote warmzuhalten, legt man sie in Alufolie gewickelt in den Backofen.

8
Gewürzmischungen, Saucen und Getränke

Da der Koran den Alkoholgenuß verbietet, haben andere Getränke den Wein zum Essen ersetzt. Fruchtsäfte oder mit Früchten bereitete Getränke sind sehr beliebt, und in Marokko ist gesüßter Minzetee so etwas wie ein „Nationalgetränk“. Nicht nur in Teehäusern wird Tee getrunken, auch zu Hause werden die Rituale und Zeremonien rund um den Tee gepflegt; denn Tee wird immer, überall und von Menschen jedes Alters getrunken – zur Belebung oder Beruhigung, als Arznei oder zum Genuß.

Marokkanische Gewürzmischung

RAS EL HANOUT

Dieses Rezept (siehe Seite 11) wurde vereinfacht und ist deshalb nicht ganz so authentisch wie raffiniertere Mischungen.

ERGIBT ETWA 2½ EL

6 Pimentkörner
4 Nelken
1½ TL schwarze Pfefferkörner
1¼ TL Koriandersamen
1 TL Kreuzkümmelsamen
¼ TL Cayennepfeffer
1½ TL gemahlener Zimt
1 TL Ingwerpulver

Alle ganzen Gewürze in den Mörser geben und zerstoßen. Mit den pulverisierten Gewürzen vermischen. Die Mischung in ein Glas mit Schraubverschluß füllen und an einen kühlen, dunklen Ort stellen.

Za'atar

Za'atar kann mit Olivenöl zu einer Paste verrührt vor dem Backen auf Brot gestrichen, als Dip verwendet oder auf Gemüse und Fleischbällchen gegeben werden. Die Mischung hält sich drei bis vier Monate.

50 g Sesam
25 g zerriebener getrockneter Thymian
25 g gemahlener Sumak

Den Sesam in einer schweren Pfanne ohne Fett unter häufigem Rühren erhitzen, bis er leicht geröstet ist. Abkühlen lassen, dann mit Thymian und Sumak vermischen. In einem fest verschlossenen Gefäß an einem kühlen, trockenen und dunklen Ort aufbewahren.

Tunesisches Fünfgewürz

QALAT DAGGA

Diese Gewürzmischung wird für Gemüse- und Lammgerichte verwendet. Sie kann drei bis vier Monate aufbewahrt werden. Der Malagetta-Pfeffer ist ein Verwandter des Kardamom.

2 TL Nelken
2 TL schwarze Pfefferkörner
1 TL Malagetta-Pfeffer
1 TL gemahlener Zimt
1 TL frisch geriebene Muskatnuß

Nelken, Pfefferkörner und Malagetta-Pfeffer im Mörser zerstoßen, dann mit den anderen Gewürzen vermischen. In einem fest verschlossenen Gefäß an einem kühlen, trockenen und dunklen Ort aufbewahren.

Tabil

Tabil *bedeutet Koriander, ist aber auch gleichzeitig der Name für diese tunesische Gewürzmischung, die Koriander enthält.*

2 EL Koriandersamen
1 EL Kümmelsamen
4 Knoblauchzehen
2 TL zerstoßene getrocknete rote Chilischoten

Den Backofen auf niedrigster Stufe vorheizen. Alle Zutaten zusammen im Mörser zerstoßen, dann auf einem Backblech verteilen und für 30 Min. in den Backofen schieben, bis sie getrocknet sind. Die Gewürze zu einem feinen Pulver verarbeiten. In einem luftdichten Gefäß hält sich die Mischung bis zu vier Monate.

Harissa

Harissa, eine feurige Paste aus Chillies, ist vor allem aus Tunesien bekannt, wird aber auch in Marokko und Algerien verwendet. Man reicht sie in einem kleinen Gefäß als Würze bei Tisch, benutzt sie aber auch in der Küche, um Fleisch-, Geflügel- oder Gemüseeintöpfen, mit Safran aromatisierten Fischsuppen, roten Paprikaschoten und Tomaten Pfiff zu verleihen. Zudem verwendet man sie oft als Basis für pochierte Eier oder gibt sie zu Dips, Saucen und Salatdressings.

50 g getrocknete rote Chillies, 1 Std. in heißem Wasser eingeweicht
2 Knoblauchzehen, gehackt
2 TL Koriandersamen
2 TL Kreuzkümmelsamen
2 TL Kümmelsamen
eine Prise Salz
6 EL Olivenöl

Die Chillies abtropfen lassen und mit Knoblauch, Gewürzen und Salz in einen Mörser oder kleinen Mixer geben. Zu einer Paste verarbeiten, dann mit 3 EL Olivenöl verrühren. In ein kleines Glas füllen und mit etwas Öl bedecken. Das Glas verschließen und an einen kühlen, dunklen Ort oder in den Kühlschrank stellen. Die Mischung hält sich vier bis sechs Wochen.

Marokkanische Butter

SMEN

Dies ist eine vereinfachte Methode für die Zubereitung von smen (siehe Seite 11).

500 g Butter, gewürfelt
1 EL grobes Salz
1/4 TL Kräuter der Provence

Die Butter behutsam in einem Topf zerlassen, dann zum Kochen bringen. Die Hitze reduzieren und die Butter 3–4 Min. köcheln lassen, bis sie klar ist und sich eine Schicht am Boden des Topfes abgesetzt hat.

Ein Sieb mit Nesseltuch auslegen, das zuvor in heißes Wasser getaucht und ausgewrungen wurde, und den Nessel mit Salz und Kräutern bestreuen. Die geklärte Butter nach und nach in das Sieb schöpfen und durchrinnen lassen. Dann die Butter erneut durch ein Sieb in ein sauberes, trockenes Glas gießen.

Verschlossen hält sie sich im Kühlschrank bis zu sechs Wochen.

RECHTS *Harissa*

Mandelmilch

SHARBAT BIL LOOZ

Das beste Aroma erhält dieses Getränk, wenn frische Mandeln verwendet werden.

FÜR 3–4 PERSONEN
250 ml kalte Milch
250 g ganze abgezogene Mandeln
250 ml kaltes Wasser
Zucker nach Geschmack
Rosen- oder Orangenblütenwasser nach Geschmack

Milch und Mandeln in einem Mixer glattpürieren. Die Mischung durch ein Sieb streichen und die Flüssigkeit sorgfältig ausdrücken.

Das Wasser zur Mandelmilch geben. Dann den Zucker einrühren, bis er sich aufgelöst hat. Rosen- oder Orangenblütenwasser zufügen. Vor dem Servieren kalt stellen.

Apfel-Milchshake

SARBAT

Dieses nahrhafte, kühle Getränk aus Milch und Früchten oder Nußmilch eignet sich ideal als Muntermacher an heißen Tagen.

FÜR 2–4 PERSONEN
2 Tafeläpfel wie Cox Orange oder Jonagold, geschält und nach Entfernen des Kerngehäuses gehackt
500 ml kalte Milch
2 EL Zucker
etwa 1½ TL Rosen- oder Orangenblütenwasser
zerstoßenes Eis zum Servieren (nach Belieben)

Äpfel, Milch und Zucker im Mixer glattpürieren. Rosen- oder Orangenblütenwasser nach Geschmack hinzufügen. In gekühlten Gläsern servieren, nach Belieben auf zerstoßenem Eis.

Minzetee

ETZAI

Dieser leichte, süße Tee, der vor allem in Marokko sehr beliebt ist, wird mit grünem chinesischen Tee und frischer grüner Minze bereitet. Er ist Teil der traditionellen Gastfreundschaft und wird in einer silbernen Teekanne mit Zuckerschale, Tablett, Samowar und verzierten Gläsern gereicht.

$1^1/_2$ EL grüner Tee
kochendes Wasser
3 EL Zucker (oder nach Geschmack)
eine Handvoll frische Blätter von grüner Minze

Den Tee in eine Kanne mit etwa 1 l Fassungsvermögen geben. 250 ml kochendes Wasser hineinfüllen und sofort wieder ausgießen, um die Blätter zu waschen. Zucker nach Geschmack und die Minzeblätter hinzufügen. Kochendes Wasser aus etwa 30 cm Höhe in die Kanne gießen (dadurch wird der Tee mit Sauerstoff angereichert) und gut umrühren. Den Tee sehr heiß servieren und wiederum aus 30 cm Höhe einschenken.

LINKS *Apfel-Milchshake*

In Öl eingelegte Zitronen

Dieses Rezept ist eine alternative Methode, Zitronen zu konservieren, wenn man sie nicht in Salz einlegen will (siehe gegenüber). Die Zitronen passen ausgezeichnet zu Fisch mit festem, weißem Fleisch (siehe Goldbrasse mit in Öl eingelegten Zitronen, Seite 50). Das Rezept eignet sich auch gut für Limetten.

4 große Zitronen
Salz
einige Korianderstengel
2 dicke Knoblauchzehen, leicht zerdrückt
1–2 getrocknete rote Chilischoten
Olivenöl

Die Zitronen in dicke Scheiben schneiden, die Kerne wegwerfen. Die Scheiben gut mit Salz bestreuen und 24 Std. in einem Durchschlag stehenlassen. Die Zitronen abspülen und trockentupfen, dann in ein sauberes, trockenes Glas schichten, dabei Koriander, Knoblauch und Chillies seitlich dazugeben. Mit Olivenöl übergießen, bis die Zitronen gut bedeckt sind. Das Glas hin- und herbewegen, um Luftblasen zu entfernen. Verschließen und mindestens einen Monat stehenlassen, das Glas zwischendurch ab und zu umdrehen.

Eingelegte Zitronen

Durch das Einlegen in Salz verlieren Zitronen ihre Säure und erhalten ein einzigartiges Aroma und eine seidige Konsistenz, die typisch für die nordafrikanische und insbesondere marokkanische Küche sind. Sie eignen sich aber auch als originelle Ergänzung für nicht-marokkanische Gerichte. Das Einlegen der Zitronen ist einfach. Hier werden zwei Rezepte vorgestellt – ein einfaches und ein ungewöhnlicheres, für das die seltenere Gewürzmischung Safi verwendet wird. Zitronen mit dünner Schale ergeben mehr Saft. Nach dem Öffnen des Glases halten sich die Zitronen auch ohne Kühlung bis zu einem Jahr. Eine Schicht Öl auf der Oberfläche hilft, ihre Frische zu bewahren.

grobes Salz

dicke, saftige Zitronen, vorzugsweise mit dünner Schale

In ein mit kochendem Wasser ausgespültes Einmachglas 2 TL Salz geben. Eine Zitrone über einen Teller halten und längs mit einem scharfen Edelstahlmesser tief ein-, aber nicht durchschneiden. Die Enden müssen verbunden bleiben. Kerne entfernen. 1 EL Salz in den Einschnitt drücken und diesen schließen. Die Zitrone in das Glas legen. Mit weiteren Zitronen ebenso verfahren und die Lagen gut andrücken, bis das Glas gefüllt ist.

Den auf dem Teller befindlichen Saft sowie Saft einer weiteren Zitrone über die Früchte geben. Weiteres Salz darüberstreuen und mit kochendem Wasser auffüllen, so daß die Zitronen bedeckt sind. Das Glas fest verschließen und für 3–4 Wochen an einen warmen Ort stellen. Bei längerer Lagerung kann sich ein dünner weißer Film auf der Oberfläche oder den Zitronen bilden, der sich aber problemlos abspülen läßt.

Rezept II: Beim Einschichten der Zitronen eine Mischung aus einer Zimtstange, 3 Nelken, 6 zerstoßenen Koriandersamen, 3 schwarzen Pfefferkörnern und einem Lorbeerblatt hinzufügen.

Chermoula 1

Dieses Rezept für eine einfache, vielseitig verwendbare chermoula *kann man als Grundlage für eigene Versionen verwenden. So wäre es denkbar, eine größere Menge Petersilie, Koriander oder Chilischoten oder feingehackte oder geraspelte Zwiebeln hinzuzufügen oder die Mengenverhältnisse der Gewürze zu ändern.*

AUSREICHEND FÜR DIE MARINADE EINES FISCHES ODER DIE SAUCE FÜR 4 PERSONEN

3 Knoblauchzehen
Salz
1/4 getrocknete rote Chilischote, gehackt
1 1/2 EL gemahlener Kreuzkümmel
3 EL gehackter frischer Koriander
3 EL gehackte frische Petersilie
1 1/2 EL Paprikapulver
1 EL Zitronensaft
3 1/2 EL Weißweinessig
1 1/2 EL Olivenöl

Knoblauch, Salz und Chilischote im Mörser zu einer Paste verarbeiten. Die gemahlenen Gewürze und Kräuter untermischen, dann Zitronensaft, Essig und Öl hinzufügen und glattrühren. Die Mischung in einem Topf behutsam erhitzen, bis sie heiß ist und duftet, sie darf jedoch nicht kochen. Vor der Verwendung abkühlen lassen.

Chermoula 2

Dies ist eine kräftigere Version von Chermoula 1.

AUSREICHEND FÜR DIE MARINADE VON FISCH, GEFLÜGEL ODER FLEISCH FÜR 4 PERSONEN

1 Gemüsezwiebel, feingehackt
2 dicke Knoblauchzehen, feingehackt
1 Prise leicht geröstete und zerstoßene Safranfäden
1/2 TL gemahlener Kreuzkümmel
1/4 TL Paprikapulver
1 Prise Cayennepfeffer
je 1/2 kleines Bund Petersilie und Koriander, gehackt
Saft von 1/2 Zitrone
6 EL Olivenöl
Salz

Die Zutaten wie im Rezept oben verarbeiten.

Register

Bildnachweis für die Außenaufnahmen

Nick Bailey: Seite 6, 14, 18, 19, 26, 32, 34, 54, 85, 90, 101, 104, 109, 112, 114
Life File: Seite 7, 9, 10, 12, 45, 86